当代人力资源管理系列教材同步综合练习

现代人事管理学同步综合练习

潘文庆　主编

科学出版社

北京

内 容 简 介

本书是为了配套当代人力资源管理系列教材《现代人事管理学》而编写的教学练习册。编写的目的是帮助读者总结和巩固现代人事管理学的课程知识，提高应试能力。全书依据"现代人事管理学"考试大纲，按最新体例分章节进行编写，并编写多套全真模拟演练题，便于读者自测知识掌握情况，更加扎实地掌握学习内容。

本书可作为广东省高等教育自学考试"现代人事管理学"配套用书，也可作为普通高等院校经济管理类学生的学习参考书。

图书在版编目（CIP）数据

现代人事管理学同步综合练习/潘文庆主编. —北京：科学出版社，2016.1
当代人力资源管理系列教材同步综合练习

ISBN 978-7-03-047046-1

Ⅰ.①现… Ⅱ.①潘… Ⅲ.①人事管理学-高等学校-习题集 Ⅳ.①D035.2

中国版本图书馆 CIP 数据核字（2016）第 006071 号

责任编辑：王京苏 /责任校对：李 影
责任印制：赵 博 /封面设计：蓝正设计

科学出版社 出版
北京东黄城根北街 16 号
邮政编码：100717
http://www.sciencep.com
北京华宇信诺印刷有限公司印刷
科学出版社发行 各地新华书店经销
*

2016 年 1 月第 一 版　　开本：787×1092　1/16
2025 年 2 月第七次印刷　　印张：10 1/4
字数：243 000
定价：38.00 元
（如有印装质量问题，我社负责调换）

编写说明

  本书是为了配套当代人力资源管理系列教材《现代人事管理学》而编写的教学练习册。现代人事管理学作为广东省高等教育自学考试人力资源管理（本科）专业必考的专业课，是为了培养和检验自学应考者的现代人事管理学的基本理论、基本知识和基本技能而设置的一门基础课。本门课程所使用的教材为由潘文庆主编，科学出版社 2015 年 6 月出版的《现代人事管理学》。

编写依据：

  1. 广东省高等教育自学考试指导委员会颁布的《现代人事管理学》；

  2. 广东省高等教育自学考试指导委员会指定教材《现代人事管理学》（科学出版社出版，潘文庆主编）。

本书的特点：

  1. 以考试大纲规定的考试内容、考核知识点和考核要求为线索，按最新体例分章节进行编写。每章均列有考核内容，并将每一章节可能出现的考核知识按考试题型编写练习题，以便考生扎实、准确地掌握本章内容。

  2. 本书含多套全真模拟演练题，贴近全真试题，命题科学，解答准确，便于考生模拟考试、自测知识掌握情况。

  书中难免有不足和纰漏，恳请读者批评指正。

《现代人事管理学》编写小组

2015 年 6 月

目 录 Contents

第1章 绪论 ··· 1
  考核内容 ··· 1
  重点和难点 ··· 4
  同步综合练习题 ······································ 5
  参考答案 ··· 7
第2章 人事管理的历史发展 ················· 10
  考核内容 ··· 10
  重点和难点 ··· 13
  同步综合练习题 ···································· 14
  参考答案 ··· 16
第3章 职位分类 ······································· 19
  考核内容 ··· 19
  重点和难点 ··· 25
  同步综合练习题 ···································· 26
  参考答案 ··· 28
第4章 职务与职称管理 ························· 33
  考核内容 ··· 33
  重点和难点 ··· 37
  同步综合练习题 ···································· 38
  参考答案 ··· 40
第5章 人事规划管理 ····························· 43
  考核内容 ··· 43
  重点和难点 ··· 47
  同步综合练习题 ···································· 48
  参考答案 ··· 49
第6章 录用与培训 ··································· 52
  考核内容 ··· 52
  重点和难点 ··· 57
  同步综合练习题 ···································· 58
  参考答案 ··· 59
第7章 人事变动与流动管理 ··············· 62
  考核内容 ··· 62
  重点和难点 ··· 65
  同步综合练习题 ···································· 66
  参考答案 ··· 68
第8章 人事绩效管理 ····························· 71
  考核内容 ··· 71
  重点和难点 ··· 75
  同步综合练习题 ···································· 76
  参考答案 ··· 78
第9章 薪酬管理 ······································· 81
  考核内容 ··· 81
  重点和难点 ··· 84
  同步综合练习题 ···································· 85
  参考答案 ··· 87
第10章 人事监察管理 ··························· 91
  考核内容 ··· 91
  重点和难点 ··· 97
  同步综合练习题 ···································· 98
  参考答案 ··· 100
全真模拟演练（一） ······························· 103
全真模拟演练（二） ······························· 111
全真模拟演练（三） ······························· 120
全真模拟演练（四） ······························· 129
全真模拟演练（五） ······························· 138
全真模拟演练（六） ······························· 147

第1章 绪　论

考核内容

掌握人事管理的概念、功能和作用，人事管理学的研究对象、特点和基本观点；了解人事管理的目标和原则、性质、地位和特性；领会人事管理学与社会学、行政管理学的关系。

人事管理学是研究人事管理活动规律的一门综合性、应用性很强的社会科学，它的最终目的是使人与事相协调，最大限度地发挥人的潜能，提高工作效率，适应社会经济的发展需要。

一、人事管理学是一门科学

（一）人事管理的含义

所谓人事管理，是指社会劳动过程中，对人与人、人与事、人与组织之间的相互关系进行管理的实践活动。

（1）人事管理是对社会劳动过程中人与事之间的相互关系进行管理。

（2）人事管理是通过组织、协调、控制、监督等手段进行的。

（3）人事管理并不是让人消极地、被动地适应事的需要。

（二）人事管理学的研究对象

（1）研究人、事，以及人和事的结合。

（2）研究古今中外人事制度。

（三）人事管理学的特点

（1）人事管理学是一门实用性的管理科学。

（2）人事管理学是一门交叉性科学。

（3）人事管理学是一门政治性较强的科学。

（四）人事管理学的基本观点

（1）必须以人为核心。

（2）必须充分调动人的积极性。

（3）必须适应社会生产力发展的要求。

（4）必须适应社会主义市场经济发展的环境。

（5）必须重视职位和人员测评。

二、人事管理的性质、地位及作用

（一）人事管理的目标和原则

（1）人事管理的根本目标，就是要通过一系列的管理手段，调节人与人之间在需要和利益之间的矛盾，以实现人们在行动上的协调一致。人事管理的这一根本目标带有明显的双重性质。一方面，施加影响于人，使个人的需要和利益服从社会的需要和利益；另一方面，则要服务于人，使个人的合理需要得到满足，使个人的正当利益得到保护。

（2）要做好人事工作，必须遵循下列基本原则：①适应需要；②任人唯贤；③竞争择优；④适才适用；⑤依法管理。

（二）人事管理的功能

（1）为每个劳动者在社会生活中找到适当的职位，以实现人与事的最佳结合。

（2）为每个劳动者完成其职责创造良好的条件，以实现职责、能力和环境的协调，求得最佳的劳动效果。

（3）在劳动者完成其职责的过程中，对他的工作进行监督与检查，并对其工作绩效做出评价。

（三）人事管理的特性

（1）社会性。

（2）利益的多极性。

（3）管理的层次性。

（四）人事管理的作用

（1）科学的人事管理是巩固政权、保证国家机器正常运转的必要条件。

（2）科学的人事管理是推动生产力发展，提高经济效益和社会效益的重要手段。

（3）科学的人事管理对开发人才资源起重要作用。

三、人事管理学的理论基础及其同相关学科的关系

（一）人事管理学与社会学的关系

（1）人事管理学，就是专门研究用人之道的学科。社会学，是对人和社会进行综合性、总体性研究的一门具体的社会科学。

（2）用社会学的观点和方法来观察、分析、研究人事管理问题，这意味着：①要把人事管理作为社会生活的一个重要组成部分来加以研究；②人事管理是一种社会活动，它的主体和客体都是社会中的人，而人的思想、情感和行为，无不打上社会的烙印；③社会学研究的目的，是为人们提供一些观察、分析人事管理问题的基本思想和基本方法。

（二）人事管理学与行政管理学的关系

（1）从联系上看，行政管理学是研究政府行政管理的科学，其主要内容有政府部门的组织、领导、人事行政、决策等。它既是政治学的一个分支，也是管理学的一个分支。由于人事行政是行政管理学研究的主要内容，所以，一般把人事管理学看作行政管理学的一个分支。

（2）从区别上看，由于行政管理学中的人事行政只研究对政府部门机关工作人员的管理，而人事管理学在广义上则是指对各级机关、企事业单位和社会团体中的各种工作人员进行管理的研究，因而从逻辑上说，人事管理学的研究范围要广于行政管理学对人事行政的研究。尽管行政管理学对人事行政研究的原则、理论在一定程度上也适用于企事业的人事管理，却不能取而代之。从这一点上说，人事管理学是独立于企事业管理学和行政管理学之外的一门学科。

综上所述，人事管理学与行政管理学既有密切的联系，又有一定的区别，它们不能互相代替。

 **重点和难点**

本章重点是人事管理的概念、功能和作用，人事管理学的研究对象、特点和基本观点。难点是人事管理学与社会学、行政管理学的关系。

同步综合练习题

一、单项选择题

1. 从管理学的角度看，"人事"指的是社会劳动过程中（　　）的相互关系。
   A. 人为之事　　　　　　　　B. 人情事理
   C. 交际应酬　　　　　　　　D. 人与事之间
2. 人事管理学的特点有（　　）。
   A. 社会性　　　　　　　　　B. 自然性
   C. 交叉性　　　　　　　　　D. 现代性
3. 人事管理一方面具有自然属性，另一方面又具有社会属性，自然属性源于其（　　）。
   A. 政治性　　　　　　　　　B. 社会性
   C. 实用性　　　　　　　　　D. 科学性
4. 人事管理一方面具有自然属性，另一方面又具有社会属性，社会属性源于其（　　）。
   A. 政治性　　　　　　　　　B. 社会性
   C. 实用性　　　　　　　　　D. 科学性
5. 社会管理的核心部分是（　　）。
   A. 人事管理　　　　　　　　B. 计划管理
   C. 生产管理　　　　　　　　D. 财务管理
6. 专门研究用人之道的学科是（　　）。
   A. 领导学　　　　　　　　　B. 人事管理学
   C. 行政管理学　　　　　　　D. 心理学
7. 对人和社会进行综合性、总体性研究的一门具体的社会科学是（　　）。
   A. 社会学　　　　　　　　　B. 人事管理学
   C. 行政管理学　　　　　　　D. 心理学
8. 研究行为和心理活动的学科是（　　）。
   A. 领导学　　　　　　　　　B. 人事管理学
   C. 人事心理学　　　　　　　D. 心理学
9. 研究人才开发、培训、管理、使用和人才成长的规律及其在人才发展实践中的应用的学科是（　　）。
   A. 领导学　　　　　　　　　B. 人事管理学
   C. 人才学　　　　　　　　　D. 心理学
10. 研究政府对社会进行有效管理的规律的科学是（　　）。
    A. 社会学　　　　　　　　　B. 人事管理学
    C. 行政管理学　　　　　　　D. 心理学

二、多项选择题

1. 从管理学的角度看，"人事"指的是社会劳动过程中（　　）的相互关系。

A. 人与人　　　　　　　　　B. 人与社会
   C. 人与事　　　　　　　　　D. 人与物
   E. 人与组织
2. 人事管理学（　　）。
   A. 研究人　　　　　　　　　B. 研究事
   C. 研究人与事的结合　　　　D. 研究物
   E. 研究古今中外人事制度
3. 人事管理学的特点有（　　）。
   A. 实用性　　　　　　　　　B. 交叉性
   C. 政治性　　　　　　　　　D. 社会性
   E. 自然性
4. 人事管理学的内容有（　　）。
   A. 人事管理理论　　　　　　B. 人事管理体制
   C. 人事管理业务知识　　　　D. 人事管理现代化
   E. 人事管理的比较研究
5. 人事管理的基本原则有（　　）。
   A. 适应需要　　　　　　　　B. 任人唯贤
   C. 竞争择优　　　　　　　　D. 适才适用
   E. 依法管理
6. 人事管理的特性有（　　）。
   A. 社会性　　　　　　　　　B. 利益的多极性
   C. 管理的层次性　　　　　　D. 实用性
   E. 边缘性

三、名词解释

1. 人事管理
2. 人事管理学

四、简答题

1. 如何理解人事管理的含义？
2. 人事管理学的研究对象是什么？
3. 如何理解人事管理的目标和原则？
4. 如何理解人事管理学的特点？
5. 如何理解人事管理学的功能？
6. 如何理解人事管理学与行政管理学的关系？

五、论述题

1. 试述人事管理学的基本观点。

2. 试述人事管理学的作用。
3. 试述人事管理学与社会学的关系。

参 考 答 案

一、单项选择题

1. D   2. C   3. D   4. A   5. A
6. B   7. A   8. D   9. C   10. C

二、多项选择题

1. ACE   2. ABCE   3. ABC   4. ABCDE   5. ABCDE
6. ABC

三、名词解释

1. 人事管理是指社会劳动过程中，对人与人、人与事、人与组织之间的相互关系进行管理的实践活动。

2. 人事管理学是以人事管理活动为研究对象，正确反映人事管理活动的客观规律的科学。

四、简答题

1. 所谓人事管理，是指社会劳动过程中，对人与人、人与事、人与组织之间的相互关系进行管理的实践活动。
  （1）人事管理是对社会劳动过程中人与事之间的相互关系进行管理。
  （2）人事管理是通过组织、协调、控制、监督等手段进行的。
  （3）人事管理并不是让人消极地、被动地适应事的需要。

2. 人事管理学的研究对象如下。
  （1）人、事，以及人和事的结合。
  （2）古今中外人事制度。

3. 人事管理的目标如下。
  （1）人事管理的根本目标，就是要通过一系列的管理手段，调节人与人之间在需要和利益上的矛盾，以实现人们在行动上的协调一致。
  （2）人事管理的这一根本目标带有明显的双重性质。一方面，施加影响于人，使个人的需要和利益服从社会的需要和利益；另一方面，则要服务于人，使个人的合理需要得到满足，使个人的正当利益得到保护。

  要做好人事工作，必须要遵循下列基本原则：①适应需要；②任人唯贤；③竞争择优；④适才适用；⑤依法管理。

4. 人事管理学的特点如下。
(1) 人事管理学是一门实用性的管理科学。
(2) 人事管理学是一门交叉性科学。
(3) 人事管理学是一门政治性较强的科学。

5. 人事管理学的功能如下。
(1) 为每个劳动者在社会生活中找到适当的职位，以实现人与事的最佳结合。
(2) 为每个劳动者完成其职责创造良好的条件，以实现职责、能力和环境的协调，求得最佳的劳动效果。
(3) 在劳动者完成其职责的过程中，对他的工作进行监督与检查，并对其工作绩效做出评价。

6. 人事管理学与行政管理学的关系如下。
(1) 从联系上看，行政管理学是研究政府行政管理的科学，其主要内容有政府部门的组织、领导、人事行政、决策等。它既是政治学的一个分支，也是管理学的一个分支。由于人事行政是行政管理学研究的主要内容，所以，一般把人事管理学看作行政管理学的一个分支。
(2) 从区别上看，由于行政管理学中的人事行政只研究对政府部门机关工作人员的管理，而人事管理学在广义上则是指对各级机关、企事业单位和社会团体中的各种工作人员进行管理的研究，因而从逻辑上说，人事管理学的研究范围要广于行政管理学对人事行政的研究。尽管行政管理学对人事行政研究的原则、理论在一定程度上也适用于企事业的人事管理，却不能取而代之。从这一点上说，人事管理学是独立于企事业管理学和行政管理学之外的一门学科。

综上所述，人事管理学与行政管理学既有密切的联系，又有一定的区别，它们不能互相代替。

五、论述题

1. 人事管理学的基本观点如下。
(1) 必须以人为核心。①在生产力诸要素中，人是起决定作用的因素；②人们劳动的目的是满足需要；③企业活力的源泉，在于脑力劳动者和体力劳动者的积极性、智慧和创造力。
(2) 必须充分调动人的积极性。①施加适当的工作压力；②鼓励与批评；③广纳合理化建议；④关心职工生活；⑤信任尊重员工；⑥注意组织气氛和工作环境；⑦人事管理不仅是一门科学，也是一门艺术。
(3) 必须适应社会生产力发展的要求。
(4) 必须适应社会主义市场经济发展的环境。
(5) 必须重视职位和人员测评。

2. 人事管理学的作用如下。
(1) 科学的人事管理是巩固政权、保证国家机器正常运转的必要条件。
(2) 科学的人事管理是推动生产力发展，提高经济效益和社会效益的重要手段。

（3）科学的人事管理对开发人才资源起重要作用。

3．人事管理学与社会学的关系如下。

（1）人事管理学，就是专门研究用人之道的学科。社会学，是对人和社会进行综合性、总体性研究的一门具体的社会科学。

（2）用社会学的观点和方法来观察、分析、研究人事管理问题，这意味着：①要把人事管理作为社会生活的一个重要组成部分来加以研究；②人事管理是一种社会活动，它的主体和客体都是社会中的人，而人的思想、情感和行为，无不打上社会的烙印；③社会学研究的目的，是为人们提供一些观察、分析人事管理问题的基本思想和基本方法。

第2章 人事管理的历史发展

考核内容

　　了解中国古代的官吏制度、人事制度的经验和缺陷，西方文官制度的产生，中国近现代的人事制度的成就及局限性；掌握中国古代的人事管理思想，西方文官制度的共同特点；领会人事管理的信息、立法和现代化。

世界各国的人事管理都有自身发展的独特历史,其中以中国的人事管理思想最为丰富、人事管理体系最为完善,对世界近现代人事管理制度的创立具有直接的影响;西方文官制度是适应现代行政管理及民主政治发展的需要而产生并逐渐发展为世界上一种具有代表性的人事管理制度。

一、中国古代的官吏制度

(一) 中国古代的人事管理思想

(1) 人治的思想。
(2) "任人唯贤"的思想。
(3) 用人"不求全责备,而取其长,避其短"的思想。

(二) 中国古代人事制度的经验

(1) 以法治吏。
(2) 合理的管理机制。

(三) 中国古代人事制度的缺陷

(1) 君权至上的人身依附关系极为严重。
(2) 入仕的不正当竞争途径。
(3) 官吏选用的不平等政策。

二、西方文官制度

文官制度,是西方各国为文官的分类、考试、录用、考核、奖惩、待遇、培训、晋升、调动、解职、退休、保障等做出系统规定的规章制度和体制。

西方文官制度的共同特点有如下六点。
(1) 法治化。
(2) 政治中立。
(3) 政事分开。
(4) 职务常任。
(5) 功绩制。
(6) 成套的管理体制,强调官纪官风和职业道德。

三、新中国成立后的干部人事制度存在的问题

(1) 干部管理权限过于集中,管人与管事相脱节。
(2) "国家干部"概念过于笼统,缺乏科学分类,管理模式单一。
(3) 原有干部人事制度不健全、不配套。
(4) 干部管理不规范,重人治、轻法治。

四、人事管理的信息、立法和现代化

（一）人事信息

人事信息，是指人与事，以及共事的人与人之间相互关系的产生、发展、变化过程中所反映出来的各种现象，当这些现象被人们感知，并用语言形式描绘成种种消息资料等时，就成为人事信息。

1. 人事信息对人事管理的作用

   （1）人事信息是人事决策的基础。
   （2）人事信息是实现人事管理的手段。
   （3）信息反馈是改进人事决策、提高人事管理水平的重要途径。

2. 正确处理人事信息工作中的几个关系

   （1）数量与质量的关系。
   （2）一般与个别的关系。
   （3）正反馈与负反馈的关系。
   （4）正式渠道传递的信息与非正式渠道传递的信息的关系。

（二）人事立法

人事立法，是国家对人事管理中的人与事的有关方面及相互作用的各个环节制定系统的法律规范。

1. 人事立法的意义

   （1）有利于保证干部队伍的高质量。
   （2）有利于提高国家机关的工作效率。
   （3）有利于推动行政管理的制度化和法制化过程。

2. 人事立法应遵循的原则

   （1）立法权限的原则。
   （2）效力分级的原则。
   （3）程序合法的原则。
   （4）体系完整的原则和稳定与适应的原则。

（三）人事管理现代化

人事管理现代化，就是把现代化管理的理论、方法和手段，运用到人事管理工作中去，使人事工作在迅速变化的现代社会里保持高效率，以适应现代化社会生产和科学技术的发展。

人事管理现代化的标志有如下几个。

（1）科学化。
（2）法制化。

（3）系统化。
（4）专家化。

重点和难点

本章重点是人事管理的信息、立法和现代化。难点是中国古代的人事管理思想、西方文官制度的共同特点。

同步综合练习题

一、单项选择题

1. 依照宗法制的血统世袭关系，实行"世卿世禄"制度的是（   ）。
   A. 五帝时代　　　　　　　　B. 夏朝
   C. 商朝　　　　　　　　　　D. 西周

2. 开始设立"三公九卿"这一政治体制来协助皇帝处理政治、军事、经济等事务的是（   ）。
   A. 商朝　　　　　　　　　　B. 春秋时期
   C. 战国时期　　　　　　　　D. 秦朝

3. 我国古代的官吏制度发展到成熟阶段，其人事管理的最大特点是实行（   ）。
   A. 监察制度　　　　　　　　B. 官吏选任制度
   C. 科举制度　　　　　　　　D. 退休制度

4. 西方文官制度是适应现代行政管理及民主政治发展的需要而产生和发展起来的，它最早起源于（   ）。
   A. 美国　　　　　　　　　　B. 英国
   C. 德国　　　　　　　　　　D. 法国

5. 西方文官制度建立的重要标志是（   ）。
   A. 法治化　　　　　　　　　B. 政治中立
   C. 政事分开　　　　　　　　D. 职务常任

6. 中国近现代公务员制度的酝酿是在（   ）。
   A. 晚清时期　　　　　　　　B. 南京临时政府时期
   C. 北洋政府时期　　　　　　D. 南京国民政府时期

7. 中国文官制度的筹建是在（   ）。
   A. 晚清时期　　　　　　　　B. 南京临时政府时期
   C. 北洋政府时期　　　　　　D. 南京国民政府时期

8. 中国近现代文官制度正式建立是在（   ）。
   A. 晚清时期　　　　　　　　B. 南京临时政府时期
   C. 北洋政府时期　　　　　　D. 南京国民政府时期

9. 中国近现代公务员制度开始实行是在（   ）。
   A. 晚清时期　　　　　　　　B. 南京临时政府时期
   C. 北洋政府时期　　　　　　D. 南京国民政府时期

10. 现代人事管理离不开人事信息，信息的真实性和新鲜度指的是信息的（   ）。
    A. 数量　　　　　　　　　　B. 质量
    C. 反馈　　　　　　　　　　D. 沟通

二、多项选择题

1. 两汉至南北朝期间录用人才的主要方式有（   ）。

A. 察举制 B. 官吏选任制度
C. 征辟制 D. 九品中正制
E. 科举制度

2. 两汉至南北朝时期的官吏考核办法有（   ）。
   A. "四善" B. 课考
   C. "上计" D. 监察
   E. "二十七最"

3. 唐代作为考核官吏的标准有（   ）。
   A. "四善" B. 课考
   C. "上计" D. 监察
   E. "二十七最"

4. 我国古代自唐宋以后，涉及人事管理事务的政府机构主要有（   ）。
   A. 吏部 B. 刑部
   C. 礼部 D. 工部
   E. 御史台

5. 西方资本主义文官制度的基本原则主要有（   ）。
   A. 民主原则 B. 效能原则
   C. 公开原则 D. 平等原则
   E. 内行领导原则

6. 西方文官制度的共同特点有（   ）。
   A. 法治化 B. 政治中立
   C. 政事分开 D. 职务常任
   E. 功绩制

7. 人事立法应遵循的原则有（   ）。
   A. 遵守立法权限的原则 B. 效力分级的原则
   C. 程序合法的原则 D. 体系完整的原则
   E. 稳定与适应的原则

8. 人事管理现代化的标志是（   ）。
   A. 科学化 B. 法制化
   C. 系统化 D. 专家化
   E. 民主化

9. 人事管理现代化的方法有（   ）。
   A. 社会学方法 B. 心理测量法
   C. 统计分析法 D. 观察法
   E. 运筹法

10. 人事信息工作中要处理好的关系有（   ）。
    A. 主观与客观的关系 B. 数量与质量的关系
    C. 一般与个别的关系 D. 正反馈与负反馈的关系

E. 正式渠道传递的信息与非正式渠道传递的信息的关系

三、名词解释

1. 文官制度
2. 人事信息
3. 人事立法
4. 人事管理现代化

四、简答题

1. 如何理解中国古代的人事管理思想？
2. 如何理解人事信息对人事管理的作用？
3. 人事信息工作中要处理好哪些关系？
4. 人事立法有什么意义？
5. 人事立法应遵循哪些原则？
6. 人事管理现代化的标志是什么？

五、论述题

1. 试述中国古代人事制度的经验和缺陷。
2. 试述西方文官制度有哪些共同特点。

参 考 答 案

一、单项选择题

1. D   2. D   3. C   4. B   5. C
6. A   7. B   8. C   9. D   10. B

二、多项选择题

1. ACD   2. BCD   3. AE   4. ACE   5. ABCDE
6. ABCDE   7. ABCDE   8. ABCD   9. ABCE   10. BCDE

三、名词解释

1. 文官制度是西方各国为文官的分类、考试、录用、考核、奖惩、待遇、培训、晋升、调动、解职、退休、保障等做出系统规定的规章制度和体制。

2. 人事信息是指人与事，以及共事的人与人之间相互关系的产生、发展、变化过程中所反映出来的各种现象，当这些现象被人们感知，并用语言形式描绘成种种消息资料等时，就成为人事信息。

3．人事立法是国家对人事管理中的人与事的有关方面及相互作用的各个环节制定系统的法律规范。

4．人事管理现代化就是把现代化管理的理论、方法和手段，运用到人事管理工作中去，使人事工作在迅速变化的现代社会里保持高效率，以适应现代化社会生产和科学技术的发展。

四、简答题

1．中国古代的人事管理思想如下。
（1）"人治"的思想。
（2）"任人唯贤"的思想。
（3）用人"不求全责备，而取其长，避其短"的思想。

2．人事信息对人事管理的作用如下。
（1）人事信息是人事决策的基础。
（2）人事信息是实现人事管理的手段。
（3）信息反馈是改进人事决策、提高人事管理水平的重要途径。

3．人事信息工作要处理好的关系有如下几种。
（1）数量与质量的关系。
（2）一般与个别的关系。
（3）正反馈与负反馈的关系。
（4）正式渠道传递的信息与非正式渠道传递的信息的关系。

4．人事立法的意义如下。
（1）有利于保证干部队伍的高质量。
（2）有利于提高国家机关的工作效率。
（3）有利于推动行政管理的制度化和法制化过程。

5．人事立法应遵循的原则有如下几条。
（1）立法权限的原则。
（2）效力分级的原则。
（3）程序合法的原则。
（4）体系完整的原则。
（5）稳定与适应的原则。

6．人事管理现代化的标志如下。
（1）科学化。
（2）法制化。
（3）系统化。
（4）专家化。

五、论述题

1．中国古代人事制度的经验与缺陷如下。

（1）中国古代人事制度的经验。①以法治吏。②合理的管理机制：第一，竞争择优的用人原则；第二，按功行赏的激励机制； 第三，老有所养的保障措施。

（2）中国古代人事制度的缺陷。①君权至上的人身依附关系极为严重。②入仕的不正当竞争途径。③官吏选用的不平等政策。

2. 西方文官制度的特点如下。

（1）法治化。西方各国的文官制度，是建立在法制化管理的基础上。其重要特点之一，就是立法较完备，种类繁多，内容广泛。

（2）政治中立。政治中立是西方文官制度基本原则之一。一方面是为避免文官受到党派政治斗争的影响，"与内阁共进退"；另一方面，也是西方国家行政、立法、司法三权分立原则的重要体现。

（3）政事分开。严格区分政务官与事务官，是西方文官制度的重要特点之一，也是西方文官制度建立的重要标志。政务官通过选举或政治任命产生，有任期；事务官则通过公开考试择优任用。

（4）职务常任。文官职业化和职务常任制是西方文官制度的一个基本原则和重要特征，也是文官的一项身份保障权利，其目的主要是稳定政府工作人员队伍和吸引优秀人才为政府服务，同时也与现代政府管理的专业化密切相关。

（5）功绩制。功绩制的实行，不仅有利于保证"任人唯贤"和奖优罚劣，而且能有效避免官员任用、升职降职、赏罚上的个人好恶及感情干扰的弊端，真正体现"机会均等""平等竞争"的原则。

（6）成套的管理体制，强调官纪官风和职业道德。为了把庞大的文官队伍有机地组织起来，西方各国都分别建立了符合本国特点的文官管理体系，同时强调公务人员不仅要具备高素质，竭诚为国民服务，而且必须讲究职业道德。

第3章 职位分类

考核内容

　　掌握品位分类和职位分类的含义与特点，职级、职能、职系的含义；了解品位分类和职位分类的产生与发展；领会职位分类的原则和功能、步骤与方法。

人事管理基本的分类体制有两种：一是品位分类制；二是职位分类制。两种分类体制各具特点，也各有长短。品位分类制历史悠久，职位分类制产生较晚。

一、品位分类

（一）品位分类制的含义

所谓品位分类制度，就是主要以个人的资历条件（如学历、工作经历）和身份（如家庭背景）作为分类依据的一种分类制度。

品位分类具有如下特点。

（1）品位分类建立的是以"人"为中心的分类体系。

（2）品位分类强调公职人员的综合管理能力。

（3）职责划分简单。

（4）官位和等级职位可以分离。

（二）对品位分类制度的评价

1. 品位分类制的优点

（1）品位分类制度没有严格的分类程序和依据，职位划分简单，在实践中简便易行，在应付特殊情况和紧急需要时具有优势。

（2）注重公职人员的综合管理能力，实行官随人走的品位分类，有利于公职人员的正常流动，使他们了解更多的工作门类和工作内容，成为通用型人才。

（3）注重学历背景，有利于提高公共部门人力资源的整体素质，吸纳优秀人才。

（4）强调年资、官职相对分离，使公职人员不致因职位调动而引起地位、待遇变化，有利于公共部门人力资源队伍的稳定。

2. 品位分类制的不足

（1）由于品位分类强调的是人在事先、因人设岗，按此形成的行政组织结构比较松散，容易造成机构臃肿、人浮于事的局面。

（2）过于注重公职人员的学历、资历、身份、地位等条件，不利于学历低、资历浅但能力强、水平高的人才脱颖而出，不利于人尽其才和充分合理地使用人才，影响公务效率和工作积极性的提高。

（3）全部公职人员划分为若干不同的等级，容易滋生上下隔阂、彼此歧视的心理，服务意识、团队合作精神差，工作步调难以一致与整齐。

（4）缺乏对公职人员的规范化工作要求，使公职人员的考核、培训、晋升等缺乏客观依据。

（5）以官阶定待遇，容易导致同工不同酬的现象，不利于对公职人员的激励。

二、职位分类

（一）职位分类的含义

所谓职位分类，就是以职位为分类对象，按照其工作性质和内容、责任轻重、难易程度、和所需资格条件等因素分为不同的类别和等级，为人事管理提供依据。

从职位分类的含义中我们可以看出，职位分类具有以下几个特征。

第一，职位分类是以"事"为中心的分类，遵循"因事择人"的原则，分类的对象是职位，而不是职位上的人。

第二，职位分类所依据的基本标准要素是职位的工作性质、难易程度、责任大小及所需资格条件。

第三，职位分类不是解决某一个职位具体应该干什么，而是对各个职位所干的事进行客观分析与评价，由此确定每一个职位在职位分类结构中所处的位置，达到分类管理的目的。

第四，职位分类不是固定不变的，会随着职位结构、组织职能和职位工作的变化而变化。

第五，职位分类本身不是目的，而只是人事管理的一种科学方法。

（二）职位分类的优缺点

1. 职位分类的优点

（1）因事设人避免了因人设事滥竽充数现象。

（2）可以使考试和考核标准客观，有利于事得其人，人尽其才。

（3）便于实行公平合理的工资待遇和制订工作人员的培训计划。

（4）可以做到职责分明，淘汰不必要的推诿纠纷，有利于获得职位的最佳人选，治理机构重叠、层次过多、授权不清、人浮于事等问题，提高组织机构的科学化、系统化水平，使组织机构处于合理高效的状态。

（5）有一套严格的法规文件。

（6）以工作决定报酬，实行同工同酬。

（7）为考试录用、考核奖惩、升迁等各项管理提供客观依据。

2. 职位分类的缺点

（1）在适用范围上，职位分类较适用于专业性较强的工作和职位，而对高级行政职位、秘密性职位、临时性职位和通用性较强的职位，则不太适用。

（2）实施职位分类的程序烦琐复杂，需要动用大量的人力、物力并需要有履历的专家参与，否则难以达到科学和正确。

（3）职位分类重事不重人，强调"职位面前人人平等"，因此严格限制了每个职位的工作数量、质量、责任，严格规定了人员的升迁调转途径，这有碍于人的全面发展和人才流动，个人积极性得不到充分发挥。

（4）职位分类在考核方面过于注重公开化和量化指标，使人感到烦琐、死板、不易推行。

（三）职位分类的起因

社会经济发展要求日益提高工作效率，而要提高工作效率，就必须在人事管理上采取有效的措施。职位分类的直接起因主要有如下四点。

（1）实行同工同酬的需要。
（2）提高工作效率的需要。
（3）进行有效考核的需要。
（4）适应专业分工的需要。

（四）职位分类产生的基础——工作分析制度

1. 工作分析的含义和内容

工作分析，又称为职务分析。工作分析是指对一个组织机构中的所有职务工作的性质、内容、任务、责任、要求条件、技术与环境条件及有关因素进行全面系统的描述和记载。任何工作分析，基本上包括三部分内容。

（1）对所有工作及其相互关系给予完整与正确的说明。
（2）对某一职务工作所包括的全部内容给予完整与正确的说明。
（3）对胜任该项工作的资格条件给予正确的说明。

2. 工作分析在人事管理上的用途

（1）工作分析是招收人员与录用的基础。
（2）工作分析是职工培训的根据。
（3）工作分析是工作评价的基础。
（4）工作分析为职工考核提供依据。
（5）工作分析为职工的晋升、调配提供根据。
（6）工作分析为指导工作、简化工作提供依据。
（7）根据工作分析，正确处理工作之间的关系。

3. 工作分析与职位分类的异同

职位分类是由工作分析发展而来的。但是，工作分析与职位分类既有相似之处，又有明显的区别。

（1）工作分析与职位分类的相同之处。①工作分析与职位分类都是一种人事管理方法，本身不是目的。其目的都是充分利用人力资源，提高工作效率。②工作分析与职位分类都是以"事"为中心，事在人先，以事选人，达到人与事的最佳配合。③工作分析与职位分类都是以工作事实为基础进行分析或分类，剔除了人们的主观随意性。

（2）工作分析与职位分类的区别。①工作分析与职位分类最明显的区别是：工作分析只是对工作的描述、记载，而职位分类则是选择若干科学的、客观的标准因素，对一个组织机构内的所有职位的重要性、复杂性和作用做出比较，确定每一职位的地位、作用、相互关系及任职资格条件，以便进行统一的科学分类管理。②工作分析的具体目的则在于对工作进行分析，达到对一个组织机构中所有工作的了解和认识，而职位分类则是达到待遇的公平合理

三、职位分类的原则与功能

（一）职位分类的基本概念

1. 职位

职位是由上级组织分配给每一个工作人员的职务和责任。职位是职位分类的最基本的概念，是分类的基本单元。职位由三要素构成。

（1）职务，是指规定承担的工作任务，或为实现某一目标而从事的明确的工作行为。

（2）职权，是指依法或企业的规定所赋予职位的相应权利，以提供完成某项工作任务的保障。

（3）责任，是指承担一定职务的员工，对其工作标准与要求的同意或承诺。职位就是职务、责任、职权的集合体。

职位具有以下特点。①职位是以"事"为中心确立的，而不是以"人"为中心确立的。②职位的数量是有限的。③职位一般不随工作人员变动而变动，具有相对的稳定性。④职位不具有终生的特点。⑤职位的确立有一定标准，即职位标准。⑥职位必须由上一级主管部门依据职能和职权的分配来确定，在特殊情况下，也可以依据职权的范围来确定。⑦职位上的工作人员承担职务与责任的时间长短、职务与责任是否重要，对职位的意义并无影响。

2. 职级

职级是指工作性质、难易程度、责任大小、所需资格条件相同或充分相似的职位的组合。

3. 职等

职级列等是指将不同职系中的难易程度、责任轻重、所需资格条件相当的职级归纳为同一职等。职等的最大作用在于列入同一职等的所有职级、职位，不管它们属于哪个职系、职组、职门，其工资待遇都是相同的。

4. 职系

职系也称职种，是指工作性质相同，但工作繁简难易不同、责任轻重和权力大小不同、所需资格条件不同，而被划分为高低不同的职级和职等所组成的职位系列。所谓职系就是工作性质充分相似的所有职位的总称。

（二）职位分类的原则

职位分类的总原则是"因事设职"，具体原则主要有四条。

（1）系统原则。
（2）最低职位数量原则。
（3）整分合原则。
（4）能级原则。

（三）职位分类的功能

（1）职位分类是现代人事管理的起点和基础。

(2) 职位分类提供了"因事求才"的用人标准。
(3) 职位分类是制定合理的工资制度的基础和依据。
(4) 职位分类使考核、奖惩有了客观公正、科学合理的标准。
(5) 职位分类为职业培训提供了科学依据。
(6) 职位分类有利于岗位责任制的推行和工作效率的提高。
(7) 职位分类有利于精简机构和合理定编。
(8) 实行职位分类有利于健全和完善退休退职制度。

四、职位分类的步骤与方法

（一）职位调查

职位分类的第一个重要步骤就是职位调查。所谓职位调查，就是人事管理部门调查、收集有关职位的各种资料的过程，以作为划分职位类别和职位等级的依据。

职位调查的方法主要有问卷调查法、访谈法、观察法、文献法等。

（二）职位分析

职位调查的结果是对职位内容的初步了解。但是，这种了解还是杂乱无章的、无系统的认识，即对职位的感性认识。所以，职位调查完成之后，必须对其结果进行分析。这种分析，就是职位分析。

（三）职位评价

职位评价，又叫职位品评，是在职位调查的基础上，根据基本分类因素的比较，对职位进行区分职系、划定职级的过程。职位评价的目的，是通过基本分类因素的比较，来确定其职系与职级。

职位评价的方法一般有四种。
(1) 全部列等法。
(2) 分类法。
(3) 因素比较法。
(4) 因素评分法。

（四）确立职位分类标准

职位分类标准包括职系说明书、职级规范和职等标准三部分。
(1) 职系说明书是指说明工作性质的文书。
(2) 职级规范是指规定与叙述每一职级的工作性质、繁简难易、责任轻重，以及所需资格条件的书面文件。
(3) 职等标准是指叙述每一职等的工作繁简难易、责任轻重、所需资格条件的书面文件。

（五）职位归级

所谓职位归级，就是依据一定程序，将组织的职位，根据职系说明书决定职位所属职系，再根据职级规范决定职位所属职级职等的过程。

职位归级的步骤如下。

（1）归级调查。

（2）办理归级。

（3）归级异议的复核。

重点和难点

本章重点是品位分类和职位分类的含义与特点，职级、职能、职系的含义。难点是职位分类与工作分析的异同、职位分类的步骤与方法。

同步综合练习题

一、单项选择题

1. 以个人的资历条件和身份作为分类依据的人事分类制度是（　　）。
   A. 职位分类制　　　　　　　　B. 品位分类制
   C. 文官制度　　　　　　　　　D. 工作分析制

2. 实行品位分类制度的典型国家是（　　）。
   A. 英国　　　　　　　　　　　B. 美国
   C. 德国　　　　　　　　　　　D. 日本

3. 按照其工作性质和内容、责任轻重、难易程度和所需资格条件等因素将职位分为不同的类别和等级的人事分类制度是（　　）。
   A. 职位分类制　　　　　　　　B. 品位分类制
   C. 文官制度　　　　　　　　　D. 聘任制

4. 适用于专业性较强的工作和职位的分类制度是（　　）。
   A. 职位分类制　　　　　　　　B. 品位分类制
   C. 文官制度　　　　　　　　　D. 聘任制

5. 适用于高级行政职位、秘密性职位、临时性职位和通用性较强职位的分类制度是（　　）。
   A. 职位分类制　　　　　　　　B. 品位分类制
   C. 文官制度　　　　　　　　　D. 聘任制

6. 职位分类最早产生于（　　）。
   A. 英国　　　　　　　　　　　B. 美国
   C. 德国　　　　　　　　　　　D. 日本

7. （　　）指的是由上级组织分配给每一个工作人员的职务和责任。
   A. 职位　　　　　　　　　　　B. 职级
   C. 职等　　　　　　　　　　　D. 职系

8. （　　）指规定承担的工作任务，或为实现某一目标而从事的明确的工作行为。
   A. 职位　　　　　　　　　　　B. 职级
   C. 职等　　　　　　　　　　　D. 职务

9. （　　）指工作性质、难易程度、责任大小、所需资格条件相同或充分相似的职位的组合。
   A. 职位　　　　　　　　　　　B. 职级
   C. 职等　　　　　　　　　　　D. 职系

10. （　　）是工作性质充分相似的所有职位的总称。
    A. 职位　　　　　　　　　　　B. 职级
    C. 职等　　　　　　　　　　　D. 职系

二、多项选择题

1. 职位分类的直接起因主要有（　　）。
   A. 实行同工同酬的需要　　　　B. 提高工作效率的需要
   C. 进行有效考核的需要　　　　D. 促进管理理论发展的需要
   E. 适应专业分工的需要
2. 职位分类的具体原则主要有（　　）。
   A. 系统原则　　　　　　　　　B. 灵活性原则
   C. 最低职位数量原则　　　　　D. 整分合原则
   E. 能级原则
3. 职位调查的方法主要有（　　）。
   A. 分类法　　　　　　　　　　B. 问卷调查法
   C. 访谈法　　　　　　　　　　D. 观察法
   E. 文献法
4. 职位评价的方法一般有（　　）。
   A. 全部列等法　　　　　　　　B. 分类法
   C. 问卷调查法　　　　　　　　D. 因素比较法
   E. 因素评分法
5. 职位评价的内容有（　　）。
   A. 归级调查　　　　　　　　　B. 办理归级
   C. 区分职系　　　　　　　　　D. 区分职级
   E. 职级列等
6. 职位分类标准包括（　　）。
   A. 职位说明书　　　　　　　　B. 职系说明书
   C. 职级规范　　　　　　　　　D. 职组规范
   E. 职等标准

三、名词解释

1. 品位分类制度
2. 职位分类
3. 工作分析
4. 职位
5. 职级
6. 职等

四、简答题

1. 如何理解品位分类的含义和特点？
2. 如何理解职位分类的含义和特点？

3. 品位分类有何优缺点？
4. 职位分类有何优缺点？
5. 如何理解职位分类的起因？
6. 简述工作分析在人事管理上的用途。
7. 简述工作分析与职位分类的异同。
8. 如何理解职位及其特点？
9. 简述职位分类的原则。
10. 简述职位分类的功能。

五、论述题

1. 试比较品位分类制与职位分类制。
2. 试述职位分类的步骤与方法。

参 考 答 案

一、单项选择题

1. B   2. A   3. A   4. A   5. B
6. B   7. A   8. D   9. B   10. D

二、多项选择题

1. ABCE   2. ACDE   3. BCDE   4. ABDE   5. CDE   6. BCE

三、名词解释

1. 品位分类制度就是主要以个人的资历条件（如学历、工作经历）和身份（如家庭背景）作为分类依据的一种分类制度。
2. 职位分类就是以职位为分类对象，按照其工作性质和内容、责任轻重、难易程度和所需资格条件等因素分为不同的类别和等级。
3. 工作分析是指对一个组织机构中的所有职务工作的性质、内容、任务、责任、要求条件、技术与环境条件及有关因素进行全面系统的描述和记载。
4. 职位是指由上级组织分配给每一个工作人员的职务和责任。
5. 职级是指工作性质、难易程度、责任大小、所需资格条件相同或充分相似的职位的组合。
6. 职等是指工作性质不同，而其难易程度、责任轻重、所需资格条件相当的职级归纳所列之等。

四、简答题

1. 所谓品位分类制度，就是主要以个人的资历条件（如学历、工作经历）和身份（如家庭背景）作为分类依据的一种分类制度。

品位分类具有如下特点。

（1）品位分类建立的是以"人"为中心的分类体系。
（2）品位分类强调公职人员的综合管理能力。
（3）职责划分简单。
（4）官位和等级职位可以分离。

2．所谓职位分类，就是以职位为分类对象，按照其工作性质和内容、责任轻重、难易程度和所需资格条件等因素分为不同的类别和等级，为人事管理提供依据。

职位分类具有以下几个特征。

第一，职位分类是以"事"为中心的分类，遵循"因事择人"的原则，分类的对象是职位，而不是职位上的人。

第二，职位分类所依据的基本标准要素是职位的工作性质、难易程度、责任大小及所需资格条件。

第三，职位分类不是解决某一个职位具体应该干什么，而是对各个职位所干的事进行客观分析与评价，由此确定每一个职位在职位分类结构中所处的位置，达到分类管理的目的。

第四，职位分类不是固定不变的，会随着职位结构、组织职能和职位工作的变化而变化。

第五，职位分类本身不是目的，而只是人事管理的一种科学方法。

3．品位分类制的优点如下。

（1）品位分类制度没有严格的分类程序和依据，职位划分简单，在实践中简便易行，在应付特殊情况和紧急需要时具有优势。

（2）注重公职人员的综合管理能力，实行官随人走的品位分类，有利于公职人员的正常流动，使他们了解更多的工作门类和工作内容，成为通用型人才。

（3）注重学历背景，有利于提高公共部门人力资源的整体素质，吸纳优秀人才。

（4）强调年资、官职相对分离，使公职人员不致因职位调动而引起地位、待遇变化，有利于公共部门人力资源队伍的稳定。

品位分类制的不足如下。

（1）由于品位分类强调的是人在事先、因人设岗，按此形成的行政组织结构比较松散，容易造成机构臃肿、人浮于事的局面。

（2）过于注重公职人员的学历、资历、身份、地位等条件，不利于学历低、资历浅但能力强、水平高的人才脱颖而出，不利于人尽其才和充分合理地使用人才，影响公务效率和工作积极性的提高。

（3）全部公职人员划分为若干不同的等级，容易滋生上下隔阂、彼此歧视的心理，服务意识、团队合作精神差，工作步调难以一致与整齐。

（4）缺乏对公职人员的规范化工作要求，使公职人员的考核、培训、晋升等缺乏客观依据。

（5）以官阶定待遇，容易导致同工不同酬的现象，不利于对公职人员的激励。

4. 职位分类的优点如下。

（1）因事设人避免了因人设事、滥竽充数现象。

（2）可以使考试和考核标准客观，有利于事得其人、人尽其才。

（3）便于实行公平合理的工资待遇和制订工作人员的培训筹划。

（4）可以做到职责分明，解决不必要的推诿纠纷，有利于获得职位的最佳人选，治理机构重叠、层次过多、授权不清、人浮于事等问题，提高组织机构的科学化、系统化水平，使组织机构处于合理高效的状态。

（5）有一套严格的法规文件。

（6）以工作决定报酬，实行同工同酬。

（7）为考试录用、考核奖惩、升迁等各项管理提供客观依据。

职位分类的缺点如下。

（1）在适用范围上，职位分类较适用于专业性较强的工作和职位，对高级行政职位、秘密性职位、临时性职位和通用性较强的职位，则不太适用。

（2）实施职位分类的程序烦琐复杂，需要动用大量的人力、物力并需要有履历的专家参予，否则难以达到科学性和正确性。

（3）职位分类重事不重人，强调"职位面前人人平等"，因此严格限制了每个职位的工作数量、质量、责任，严格规定了人员的升迁调转途径，有碍于人的全面发展和人才流动，个人积极性不易得到充分发挥。

（4）职位分类在考核方面过于注重公开化和量化指标，使人感到烦琐、死板、不易推行。

5. 社会经济发展要求日益提高工作效率，而要提高工作效率，就必须在人事管理上采取有效的措施。职位分类的直接起因主要有如下四点。

（1）实行同工同酬的需要。

（2）提高工作效率的需要。

（3）进行有效考核的需要。

（4）适应专业分工的需要。

6. 工作分析在人事管理上的用途如下。

（1）工作分析是招收与录用人员的基础。

（2）工作分析是职工培训的根据。

（3）工作分析是工作评价的基础。

（4）工作分析为职工考核提供依据。

（5）工作分析为职工的晋升、调配提供根据。

（6）工作分析为指导工作、简化工作提供依据。

（7）根据工作分析，正确处理工作之间的关系。

7. 职位分类是由工作分析发展而来的。但是，工作分析与职位分类既有相似之处，又有明显的区别。

（1）工作分析与职位分类的相同之处有三点。①工作分析与职位分类都是一种人事管理方法，本身不是目的。其目的都是充分利用人力资源，提高工作效率。②工作分析与职位分类都是以"事"为中心，事在人先，以事选人，达到人与事的最佳配合。③工作分析与职位分类都是以工作事实为基础进行分析或分类，剔除了人们的主观随意性。

（2）工作分析与职位分类的区别如下。①工作分析与职位分类最明显的区别是：工作分析只是对工作的描述、记载；职位分类则是选择若干科学的、客观的标准因素，对一个组织机构内的所有职位的重要性、复杂性和作用做出比较，确定每一职位的地位、作用、相互关系及任职资格条件，以便进行统一的科学分类管理。②工作分析的具体目的则在于对工作进行分析，达到对一个组织机构中所有工作的了解和认识，而职位分类则是实现待遇的公平合理。

8. 职位是由上级组织分配给每一个工作人员的职务和责任。职位是职位分类的最基本的概念，是分类的基本单元。职位由三要素构成。

（1）职务，是指规定承担的工作任务，或为实现某一目标而从事的明确的工作行为。

（2）职权，是指依法或企业的规定所赋予职位的相应权利，以提供完成某项工作任务的保障。

（3）责任，是指承担一定职务的员工，对其工作标准与要求的同意或承诺。职位就是职务、责任、职权的集合体。

职位具有以下特点。①职位是以"事"为中心确立的，而不是以"人"为中心确立的。②职位的数量是有限的。③职位一般不随工作人员变动而变动，具有相对的稳定性。④职位不具有终生的特点。⑤职位的确立有一定的标准，即职位标准。⑥职位必须由上一级主管部门依据职能和职权的分配来确定，在特殊情况下，也可以依据职权的范围来确定。⑦职位上的工作人员承担职务与责任的时间长短、职务与责任是否重要，对职位的意义并无影响。

9. 职位分类的总原则是"因事设职"，具体原则主要有四项。

（1）系统原则。

（2）最低职位数量原则。

（3）整分合原则。

（4）能级原则。

10. 职位分类的功能如下。

（1）职位分类是现代人事管理的起点和基础。

（2）职位分类提供了"因事求才"的用人标准。

（3）职位分类是制定合理工资制度的基础和依据。

（4）职位分类使考核、奖惩有了客观公正、科学合理的标准。

（5）职位分类为职业培训提供了科学依据。

（6）职位分类有利于岗位责任制的推行和工作效率的提高。

（7）职位分类有利于精简机构和合理定编。

（8）实行职位分类有利于健全和完善退休退职制度。

五、论述题

1. 品位分类制的优点如下。

(1) 品位分类制度没有严格的分类程序和依据，职位划分简单，在实践中简便易行，在应付特殊情况和紧急需要时具有优势。
　　(2) 注重公职人员的综合管理能力，实行官随人走的品位分类，有利于公职人员的正常流动，使他们了解更多的工作门类和工作内容，成为通用型人才。
　　(3) 注重学历背景，有利于提高公共部门人力资源的整体素质，吸纳优秀人才。
　　(4) 强调年资、官职相对分离，使公职人员不致因职位调动而引起地位、待遇变化，有利于公共部门人力资源队伍的稳定。
　　职位分类制的优点如下。
　　(1) 因事设人而避免了因人设事、滥竽充数现象。
　　(2) 可以使考试和考核标准客观，有利于事得其人、人尽其才。
　　(3) 便于实行公平合理的工资待遇和制订工作人员的培训筹划。
　　(4) 可以做到职责分明，治理机构重叠、层次过多、授权不清、人浮于事等问题。
　　(5) 有一套严格的法规文件。
　　(6) 以工作决定报酬，实行同工同酬。
　　(7) 为考试录用、考核奖惩、升迁等各项管理提供客观依据。
　　2. 职位分类的步骤与方法如下。
　　(1) 职位调查。职位分类的第一个重要步骤就是职位调查。所谓职位调查，就是人事管理部门调查、收集有关职位的各种资料的过程，以作为划分职位类别和职位等级的依据。职位调查的方法主要有问卷调查法、访谈法、观察法、文献法等。
　　(2) 职位分析。职位调查的结果是对职位内容的初步了解。但是，这种了解还是杂乱无章的、无系统的认识，即对职位的感性认识。所以，职位调查完成之后，对其结果必须进行分析。这种分析，就是职位分析。
　　(3) 职位评价。职位评价，又叫职位品评，是在职位调查的基础上，根据基本分类因素的比较，对职位进行区分职系、划定职级的过程。职位评价的目的，是通过基本分类因素的比较，来确定其职系与职级。职位评价的方法一般有四种：① 全部列等法；②分类法；③ 因素比较法；④ 因素评分法。
　　(4) 确立职位分类标准。职位分类标准包括职系说明书、职级规范和职等标准三部分。职系说明书是指说明工作性质的文书。职级规范是指规定与叙述每一职级的工作性质、繁简难易、责任轻重，以及所需资格条件的书面文件。职等标准，是指叙述每一职等的工作繁简难易、责任轻重、所需资格条件的书面文件。
　　(5) 职位归级。所谓职位归级，就是依据一定程序，将组织的职位，根据职系说明书决定职位所属职系，再根据职级规范决定职位所属职级职等的过程。
　　职位归级的步骤：①归级调查；②办理归级；③归级异议的复核。

第4章 职务与职称管理

 **考核内容**

了解职务与级别的概念、特征,职称的概念、特征;掌握公务员职位分类制度、事业单位职位分类制度;掌握职位序列、职级制度、衔级制度;掌握专业技术职务聘任制度、社会化职业水平评价制度、职业准入资格制度;领会职称制度历史沿革、职称制度改革的思路。

本章阐述了职务与职称管理的基本概念、特征,以及实施方法。主要内容有职务管理、职称管理、职称制度改革思路,包括公务员职位分类制度、事业单位职位分类制度、职级制度、衔级制度,职称制度的构成与改革。重点介绍职务管理、职称管理等内容。

一、职务的基本概念

所谓职务,简言之,就是某一职位所负担的职责任务,即"分内所长之事务"。日常用语中,职务通常与职位或岗位通用,特别是经常用于承担一定领导或指挥责任的职位。

(一)职务的特征

(1)职务是构成组织的基本单位。
(2)职务是责权的统一体。

(二)职级

职级是指职务或职位在组织体系中所处的层级,即职务或职位的等级。

行政级别与职级的设置,类似于古代官职和职品的划分。我国古代官员地位评价实际包括三个等级体系。

(1)官职大小。
(2)职品。
(3)阶品。

(三)职务类别

一般组织机构的职务,按照能级的高低可以分为决策层职务、管理层职务、执行层职务、操作层职务。我国对各类公共职位,从纵向分为若干职务序列,如处级、科级、高级、中级、初级,横向分为各种职务类别,如公务员职位分为综合管理类、专业技术类、行政执法类;事业单位职位分为管理类、专业技术类、工勤技能类等岗位类别。

(四)公务员职务的特点

(1)职务是机关职能的微观载体。
(2)职务具有独立性。
(3)职务是职权与职责的统一。
(4)职务数量具有有限性。

二、职务管理制度

1. 行政类单位的职位分类管理

(1)综合管理类公务员职位。
(2)专业技术类公务员职位。
(3)行政执法类公务员职位。
(4)法官、检察官职务序列。

2. 事业单位的分类改革与职位分类管理

（1）事业单位的分类改革。

（2）事业单位职位分类：①管理岗位；②专业技术岗位；③工勤技能岗位；④特设岗位。

三、级别管理

（一）级别设置的指导思想

级别设置就是确立职务晋升与级别晋升的双梯制，力求在职务晋升之外，确立一条级别晋升的职业发展渠道。

（二）级别的功能

（1）级别是对不同类别职务进行平衡比较的统一标尺。

（2）级别是确定工资及其他待遇的依据。

（3）级别是体现职务、能力、业绩、资历的综合标志。

（三）职务与级别的对应关系

（1）职务与级别相结合。

（2）级别体现激励功能。

（3）"一职数级，上下交叉。"

四、衔级制度

（1）警衔制度。

（2）海关关衔制度。

（3）外事机构衔级制度。

（4）军衔制度。

（5）武警警衔。

五、职称的定义与特征

（一）职称的定义

职称是指专业技术资格名称和专业技术职务（岗位）名称的总称，其内涵是衡量专业技术人员学术和技术水平的标志，其特点带有称号的性质。专业技术职称区别于专业技术职务。

专业技术职务，也称专业技术岗位，是指需要具有专门的业务知识和技术水平、具备一定专业技术资格的人员方能担负的工作岗位。

（二）专业技术职称的特征

（1）能力称号。

（2）没有数额限制。

（3）具有相对的稳定性。
（4）相同的职称，评定的标准相同。
（5）与人员使用无关。

（三）我国现行职称制度

我国现行的职称制度主要有三项：专业技术职务聘任制度、社会化职业水平评价制度、职业准入资格制度。

六、专业技术职称分级分类

专业技术职称划分为高级（正高级、副高级）、中级、初级、员级四级。

七、专业技术职称聘任制

所谓专业技术职称聘任制，就是指专业技术职称任用制度。建立专业技术职称聘任制度，主要根据实际需要设置专业技术岗位，规定明确的职责和任职条件，在定编定员的基础上，确定高、中、初级专业技术职称的合理结构比例；从经过评审委员会评定的、符合相应条件的专业技术人员中聘任；有一定的任期，在任职期间领取专业技术职称工资。

（一）专业技术岗位的设置和评聘范围

按照因事设岗、精简高效、结构合理、群体优化的原则，规定明确的职责和任职条件，在定编定员的基础上，确定高、中、初级专业技术职称的合理结构比例。

专业技术职称的评聘范围为事业单位中从事专业技术工作的人员。

（二）任职资格评价

1. 职称认定

职称认定是指具备规定学历的大中专毕业生，见习期间从事本专业技术工作的人员，见习期满以后，经其人事档案关系所在单位职能部门考核合格认定其相应专业技术资格的过程。

2. 职业资格评审

（1）专业技术资格的申报程序：①个人申报；②用人单位审查；③主管部门或职称申报点审核；④受理；⑤评审。

（2）专业技术资格评审的操作程序：①工作计划；②论文水平鉴定；③会前准备；④初评；⑤正式评审；⑥评审结论。

（三）职称聘任

专业技术职称一般实行聘任制。聘任专业技术职称要坚持德才兼备的原则，实行择优聘任和竞争聘任，不搞论资排辈，要有明确的聘任期限，聘期一般为1～3年，也可以以一个重大项目（课题）为周期。事业单位的行政领导应向被聘任的专业技术人员颁发聘书，双方签订聘约。

八、职业准入资格制度

（1）职业准入。
（2）职业资格。
（3）职业资格证书制度。
（4）职业资格与职称的比照。

九、社会化职业水平评价制度

（1）职业水平评价。
（2）社会化职业水平评价制度。
（3）建立科学、公正的社会化职业水平评价机制。①建立专家委员会。②坚持"专业对口"的原则。③评价专家的职业水平不低于评价客体。④评价中应设置"答辩"环节。⑤参评专家必须公平、公正。⑥实行回避制度。⑦评价中应坚持多数通过原则。⑧规避"内部人控制"。

十、职称制度改革的基本思路

（1）认清职称制度的三要素。
（2）国家的归国家，社会的归社会，单位的归单位。
（3）推进职称制度的法制化。

重点和难点

本章重点是职务与职称管理的基本概念、特征，公务员职位分类制度、事业单位职位分类制度、职级制度、衔级制度，职称制度。难点是职称制度改革。

同步综合练习题

一、单项选择题

1. 行政级别与职级的设置，类似于古代（　　）的划分。
   A. 官职和阶品　　　　　　　　B. 职品和阶品
   C. 官职和职品　　　　　　　　D. 职务与职称

2. 古代的（　　）相当于我们现在所说的"职级"。
   A. 官职　　　　　　　　　　　B. 职品
   C. 阶品　　　　　　　　　　　D. 职称

3. 古代的阶品类似于（　　），代表官员的身份地位。
   A. 衔级　　　　　　　　　　　B. 职级
   C. 阶称　　　　　　　　　　　D. 职务

4. 在我国事业单位，（　　）是不单独列的一类岗位。
   A. 管理类　　　　　　　　　　B. 专业技术类
   C. 工勤技能类　　　　　　　　D. 特设岗位

5. 具有荣誉性质的是（　　）。
   A. 专业技术职务　　　　　　　B. 管理职务
   C. 职称　　　　　　　　　　　D. 衔级

6. 反映一个人的专业技术或学术水平等级的是（　　）。
   A. 职务　　　　　　　　　　　B. 职称
   C. 职级　　　　　　　　　　　D. 衔级

7. 专业技术职称任用制度，又称（　　）。
   A. 专业技术职称聘任制　　　　B. 职位分类制度
   C. 任职资格评价制度　　　　　D. 职业准入资格制度

8. （　　）是指为了特定的社会目的而对公民从事某种职业或专业技术工作的限制。
   A. 职业能力　　　　　　　　　B. 职业准入
   C. 职称聘任　　　　　　　　　D. 职业资格

9. （　　）本质上属于一种市场行为。
   A. 职业能力水平评价　　　　　B. 职业准入资格证
   C. 职称聘任　　　　　　　　　D. 职业资格评审

10. （　　）是对从事某一职业所必备的学识、技术和能力的基本要求，通过职业标准，反映了特定职业所需要专门的知识、技术和技能。
    A. 从业资格　　　　　　　　　B. 执业资格
    C. 职业资格　　　　　　　　　D. 职称资格

二、多项选择题

1. 职务的特征有（　　）。

A. 构成组织的基本单位 B. 责权的统一体
C. 没有数量限制 D. 与职品一致
E. 单指指挥性职责

2. 古代官员地位评价实际包括（　　）三个等级体系。
A. 官职大小 B. 阶品
C. 职品 D. 职称
E. 阶称

3. 我国公务员职位横向分为（　　）等类别。
A. 综合管理类 B. 专业技术类
C. 行政执法类 D. 法官检察官类
E. 工勤技能类

4. 我国事业单位职位横向分为（　　）等类别。
A. 管理类 B. 专业技术类
C. 工勤技能类 D. 执法类
E. 后勤类

5. 专业技术类公务员职位具有（　　）等显著特点。
A. 纯技术性 B. 低替代性
C. 技术权威性 D. 纯执行性
E. 高替代性

6. 事业单位专业技术岗位按照岗位职能的特点设置了（　　）岗位级别。
A. 高级岗位 B. 副高级岗
C. 中级岗位 D. 初级岗位
E. 员级岗位

7. 事业单位设置一至五级工勤技能岗位，依次分别对应于（　　）。
A. 初级工 B. 高级工
C. 高级技师 D. 中级工
E. 技师

8. 我国设置公务员的级别，主要考虑（　　）方面。
A. 增加公务员的荣誉感 B. 完善挤出效应
C. 体现按劳分配的原则 D. 向顶层倾斜
E. 稳定公务员队伍，吸引优秀的人

9. 我国衔级制度的种类有（　　）。
A. 警衔制度 B. 海关关衔制度
C. 外事机构衔级制度 D. 军衔制度
E. 武警警衔

10. 相对专业技术职务而言，专业技术职称具有（　　）特征。
A. 能力称号 B. 没有数额限制
C. 具有相对的稳定性 D. 与人员使用无关

E．相同的职称，评定的标准相同

三、名词解释

1. 职务
2. 职级
3. 职称
4. 专业技术职务
5. 专业技术职称

四、简答题

1. 公务员的职务具有哪些特性？
2. 级别具有哪些功能？
3. 设计职务与级别对应关系时要遵循哪些原则？
4. 职称内涵的发展经历了几个阶段？

五、论述题

1. 试论述设置行政执法类职位的重要意义。
2. 如何构建科学、公正的社会化职业水平评价机制？
3. 论述我国职称制度改革的基本思路。

参 考 答 案

一、单项选择题

1. C　　2. B　　3. A　　4. D　　5. D
6. B　　7. A　　8. B　　9. A　　10. C

二、多项选择题

1. AB　　2. ABC　　3. ABCD　　4. ABC　　5. ABC
6. ACDE　7. CEBDA　8. ACE　　9. ABCDE　10. ABCDE

三、名词解释

1. 职务就是某一职位所负担的职责任务，即"分内所长之事务"。
2. 职级是指职务或职位在组织体系中所处的层级，即职务或职位的等级。
3. 职称是指专业技术（或学识）水平、能力及成就的等级称号，是对各类专业技术人员的水平、能力与成就的评价，以及各类专业技术职务的统称，包括专业技术职务任职资格、专业技术资格和专业技术人员职业资格。

4. 专业技术职务也称专业技术岗位，是指需要具有专门的业务知识和技术水平、具备一定专业技术资格的人员方能担负的工作岗位。实践中，各类单位通过专业技术职称聘任工作来履行专业技术职务的管理。

5. 专业技术职称（即专业技术资格）是标志着专业技术或学术水平的等级称号，是由权威机构对专业技术人员的水平、能力、业绩进行评价和认定后，赋予的资格，具有较高的社会公认度。

四、简答题

1. 公务员职务具有如下特性。
（1）职务是机关职能的微观载体。
（2）职务具有独立性。
（3）职务是职权与职责的统一。
（4）职务数量具有有限性。
2. 级别具有如下功能。
（1）级别是对不同类别职务进行平衡比较的统一标尺。
（2）级别是确定工资及其他待遇的依据。
（3）级别是体现职务、能力、业绩、资历的综合标志。
3. 在建立职务与级别对应关系方面，应该把握以下几个原则。
（1）职务与级别相结合。
（2）级别体现激励功能。
（3）"一职数级，上下交叉。"
4. 对职称内涵和性质理解的混乱由来已久。新中国成立以来，职称内涵实际经历了由职务到学衔、学衔到职务、职务到资格的演变过程。
（1）从"职名"到"学术称号"（1949~1977年）。
（2）从学衔称号到职务（1977~1993年）。
（3）大职称和小职称（1994年以来）。

五、论述题

1. 设置行政执法类职位对完善和加强对基层公务员队伍的管理具有重要意义。
（1）设立行政执法类职位，是建立一线公务员执法队伍的长效约束机制的需要。
（2）设立行政执法类职位，有利于促进建立一线行政执法类公务员的基本素质标准，规范录用，克服实际中的"近亲繁殖"。
（3）设立行政执法类职位，可以更好地激励一线执法公务员。设立行政执法类职位，对解决基层执法部门公务员职业发展空间狭小、职务晋升困难的问题，激励一线执法公务员更好地做好本职工作，加强一线执法公务员的管理和约束，促进依法行政具有重要意义。
2. 作为评价主体的社会化评价机构，要遵循科学、公平、公正的原则，建立和完善社会化评价体系。

（1）建立专家委员会。专家委员会应由本学科水平最高的专家组成，专家数量在满足本学科开展科技评价任务需要的同时，还需按专业进行细化分组。

（2）坚持"专业对口"的原则。在实际评价活动中应强调"专业对口"，因为对口是发掘科技工作者智力的最佳方式。在保证评价工作顺利开展的前提下，专家擅长的专业应尽可能地做到与评价对象所申报的专业一致，如采用同一专业的 7~9 名专家参与职称评审工作。

（3）评价专家的职业水平不低于评价客体。一般情况下，在评价中级职业水平中参评专家应具有中级及以上职业水平（资格）；在评价高级职业资格中参评专家必须全部具有高级以上职业水平（资格）。

（4）评价中应设置"答辩"环节。除特殊情况外，评价程序应设置"答辩"环节，因为这样有利于专家深入了解评价对象的真实情况，以解决"文章"掩盖业绩的现象。

（5）参评专家必须公平、公正。必须强调参评专家只代表本社会评价机构，而不代表其他任何组织或个人，必要时还应要求参评专家签署坚持公平、公正的承诺书。

（6）实行回避制度。除亲属关系必须回避外，还要尽量地做到避免与评价对象有直接领导与从属关系的专家参加。

（7）评价中应坚持多数通过原则。一次评价中应规定 2/3 或以上参评专家到会，而且 2/3 及以上的票决赞成才能通过晋升。

（8）规避"内部人控制"。应将评价的决定权交给评价委员会，不再设置领导人会议个别批准环节，但如发现评价过程中存在不规范现象，领导人会议可以做出"评价无效"的决定。

3. 基本思路就是要厘清职称内涵，根据职业准入（执业或从业资格）、职业水平评价（职业资格认证）、职务（岗位）任职资格评价的不同性质和特点，针对公共部门和非公共部门的不同需求，明确国家、社会（市场）、用人单位等不同主体的职责和权限，转变政府职能，实行分类管理，推进职称管理的法制化。

（1）认清职称制度的三要素。职业准入、职业水平评价、职务任职评价是构成职称制度的重要元素，但在行为属性、行为主体、评价标准、评价方法方面，有较大的不同。

（2）国家的归国家，社会的归社会，单位的归单位。明确国家、社会（市场）、用人单位等不同主体的职责和权限，实行分类管理。

（3）推进职称制度的法制化。推进职称制度的法制化，应在加强职业准入、水平认证和国有单位岗位聘用等的相关立法的基础上，切实转变政府职能，为职称制度改革和法制化提供基础和保障。

第5章 人事规划管理

 考核内容

掌握人事规划的概念、作用、原则、内容、需求及供给的预测方法;掌握人事规划的供求平衡;掌握实现组织内部人事供求平衡的方法;了解人事规划实施的意义;掌握人事规划实施的过程;了解人事规划控制的意义;掌握人事规划控制的程序。

一、人事规划的概念

狭义上的人事规划指的是企业从其战略规划和发展目标出发，全面、科学地分析内部环境与外部环境的变化，预测企业人力资源的供给和需求状况，制定相关的政策与措施，确保满足企业对人力资源需求的活动过程。

二、人事规划的分类

（1）按规划性质分类：战略规划、战术规划。
（2）按时间长短分类：长期规划、中期规划、短期规划。
（3）按涉及范围分类：整体规划、部门规划、项目规划。

三、人事规划的原则

人事规划的原则有如下几项。
（1）需求保障原则。
（2）重点明确原则。
（3）环境适应原则。
（4）流动适度原则。
（5）共同发展原则。
（6）能力层序原则。

四、人事规划的作用

（1）增强企业在市场竞争中的应对能力。
（2）满足企业发展战略的要求。
（3）指导企业内部人力资源管理。
（4）促进企业内部人力资源开发。

五、人事规划需求预测方法

（一）德尔菲法

德尔菲法又称专家评估法，是指邀请在某一领域的一些专家或有经验的人员对某一问题进行预测，在专家小组的预测意见趋于集中后得出结论的结构化方法。

（二）描述法

描述法是指相关管理人员运用其自身的专业知识及其经验对影响企业未来某一时刻的相关因素进行分析，在此过程中对未来人力资源需求进行预测和规划的方法。

（三）现状规划法

现状规划法是假定企业保持原有的生产规模不变，即假定当前的人员配备比率、人员总数及人员配置是完全能适应未来规划期内人力资源的需要，不会出现职务空缺，因此不会存在人员总体数量的扩大和补充。

（四）趋势预测法

趋势预测法是根据企业过去五年或者更长时间的人事记录，来分析企业未来的变化趋势并以此来预测企业在未来某一规划期的人员需求量。

（五）回归分析法

回归分析法是要找出与人力资源需求关系密切关系的因素，并根据企业过去的情况和相关资料，确定出它们之间的数量关系，建立数学模型，并根据确定的回归方程来预测未来的人员需求。

（六）计算机模拟法

计算机模拟法是指在计算机中运用复杂的数学模型，按描述法中假定的几种情况对组织中人员的数量和配置情况进行模拟测试，并通过这种模拟做出人力资源需求的预测方案，以供组织选择。

六、人事规划供给预测方法

（一）人事规划供给预测的内容

人力资源的供给预测需要考虑两个方面的内容：一是组织内部的人员供给；二是组织外部的人员供给。

（二）人事规划供给预测的方法

1. 组织内部的人事供给

（1）技术清单。
（2）人员核查法。
（3）员工替换法。
（4）马尔可夫（Markov）模型预测法。

2. 组织外部的人事供给

（1）全国性因素。
（2）地域性因素。

七、人力资源供需综合平衡

1. 人力资源供求平衡

人力资源供求平衡就是指企业通过增员、减员和人员结构的调整等措施，使企业处于人力资源供求平衡的状态。

2. 供不应求

企业的人才需求大于人才供给时,出现员工短缺。可采用以下措施来使组织人力资源达到平衡。

(1) 面向社会开展外部招聘。
(2) 内部招聘。
(3) 在不违反劳动法的有关规定,且在组织员工愿意的情况下,可以适当延长员工的劳动时间,并给予相应的报酬。
(4) 内部晋升。
(5) 对组织现有的人员进行职业技能培训。
(6) 制订有效的激励计划,提高员工的积极性。
(7) 拓宽工作范围。
(8) 提高技术含量。
(9) 返聘。

3. 供过于求

当预测到企业的人力资源将会出现供过于求的情况时,可以采取以下的措施。

(1) 限制雇佣。
(2) 鼓励提前退休。
(3) 减少员工的工作时间。
(4) 解雇员工。

4. 结构性失衡

结构性失衡是企业人力资源供需中比较常见的一种现象,在企业处于领先地位稳定发展状态时表现更为突出。

八、人事规划的实施

(一) 规划任务的落实

在组织的人事规划实施过程中,首先要将规划中的目标分解到各部门和个人。通过人事规划的目标与方案的细化和分解,可以使每个组织的成员明确自己在规划过程中的位置和作用,从而争取员工的支持。

(二) 组织结构的调整

在实施人事规划过程中,必须对组织结构进行调整,使其达到人事规划的最终目的。组织结构调整主要包括:依据组织战略目标及组织人事规划的目标,设计出适合组织及能够适应内外部环境变化的组织运行模式及机制;根据权责统一的原则,划分适当的管理层;对组织中关键岗位的人选进行评估和调整,使人事规划得以顺利实施。

（三）资源的优化配置

人力资源使用过程的资源配置是指为了使人力资源能发挥最大的效益，需要对不同的人力资源进行合理的配置，并在人力、物力、财力上给予支持。

九、人事规划的控制

（一）人事规划控制的概念

为了保证人事资源规划能够得到实施，并及时应对发生的意外情况，就需要对人事资源规划的实施进行控制。

（二）人事规划控制的程序

（1）确定控制目标。
（2）制定控制标准。
（3）建立控制体系。
（4）衡量评价实施效果。
（5）采取调整措施。

重点和难点

本章重点是人事规划的概念、方法和意义，人事规划的实施和控制。难点是掌握人事规划预测在实际中的应用。

同步综合练习题

一、单项选择题

1. 从管理学的角度出发,按规划的性质分类,企业的人事规划可分为战略规划和(　　)。
   A. 长期规划　　　　　　　　B. 整体规划
   C. 战术计划　　　　　　　　D. 项目规划

2. 从员工创造力发挥的角度论证了人员流动必要性的理论为(　　)。
   A. 勒温的场论　　　　　　　B. 卡兹的组织寿命学说
   C. 雷诺曲线　　　　　　　　D. 库克曲线

3. 对人力资源需求预测中,以比较完备的统计资料为基础,通过数学方法找出预测目标与其他因素的规律性联系的预测方法是(　　)。
   A. 内部供给预测　　　　　　B. 定量预测
   C. 定性预测　　　　　　　　D. 外部供给预测

4. 人事规划制订程序不包括以下哪一项(　　)。
   A. 资料收集准备环节　　　　B. 确定人力资源供需关系
   C. 员工意见反馈　　　　　　D. 人力资源供给预测

5. (　　)方法是指邀请在某一领域的一些专家或有经验的人员对某一问题进行预测,在专家小组的预测意见趋于集中后得出结论的结构化方法。
   A. 德尔菲法　　　　　　　　B. 描述法
   C. 回归分析法　　　　　　　D. 现状规划法

6. 组织人事规划供给预测的内容包括(　　)和组织外部的人员供给。
   A. 国家宏观层面的人员供给　B. 地区层面的人员供给
   C. 组织内部的人员供给　　　D. 竞争对手的人员供给

二、多项选择题

1. 人事规划的特点有(　　)。
   A. 针对性　　　　　　　　　B. 整体性
   C. 时效性　　　　　　　　　D. 实用性
   E. 科学性　　　　　　　　　F. 发展性

2. 以人事规划涉及的范围大小为分类标准,可以分为(　　)。
   A. 项目规划　　　　　　　　B. 部门规划
   C. 季度规划　　　　　　　　D. 整体规划
   E. 销售规划

3. 面对人力资源短缺情况,企业可以采取的措施有(　　)。
   A. 进行裁员　　　　　　　　B. 开展员工培训
   C. 根据员工实际情况,择优晋升　D. 借调员工
   E. 关闭不赢利的车间　　　　F. 缩短员工工作时间

4. 人事规划需求预测的方法有（   ）。
   A. 德尔菲法 B. 描述法
   C. 人员核查法 D. 回归分析法
   E. 员工替换法
5. 人事规划供给预测的方法有（   ）。
   A. 技术清单 B. 人员核查法
   C. 马尔可夫模型预测法 D. 回归分析法
   E. 员工替换法
6. 当组织内部出现供过于求的情况时，可以采取以下（   ）方法使组织内部人员达到平衡？
   A. 限制雇佣 B. 内部晋升
   C. 减少员工的工作时间 D. 拓宽工作范围
   E. 解雇员工

三、名词解释

1. 人事规划
2. 流动适度原则

四、简答题

1. 按时间长度分类人事规划可以分为哪几个方面，具体内容是什么？
2. 人事规划的原则是什么？
3. 如何理解卡兹的组织寿命学说？
4. 人事规划实施的程序是什么？
5. 人事规划控制的程序是什么？

五、论述题

1. 结合实际谈谈人事规划的作用。
2. 人事规划实施的意义。

参 考 答 案

一、单项选择题

1. C   2. D   3. B
4. C   5. A   6. C

二、多项选择题

1. ABDEF 2. ABD 3. BCD
4. ABD 5. ABCE 6. ACE

三、名词解释

1. 人事规划：广义上的人事规划指的是组织所有人事规划的总称；狭义上的人事规划指的是企业从其战略规划和发展目标出发，全面、科学地分析内部环境与外部环境的变化，预测企业人力资源的供给和需求状况，制定相关的政策与措施，确保满足企业对人力资源需求的活动过程。现今，人们一般指的是其狭义的概念。

2. 流动适度原则：企业员工的合理流动是每个企业运作中不可避免会遇到的，适度、合理的人才流动能够让企业的人力资源队伍更加具有积极性，也为企业的发展壮大提供了源源不断的动力。

四、简答题

1. 按时间长短分类：长期规划、中期规划和短期规划。长期规划一般指 5 年以上的规划。中期规划一般指时间为 1~5 年的规划，其特性介于长期规划与短期规划中间。短期规划一般指 1 年以内的规划。

2. 人事规划原则有需求保障原则、重点明确原则、环境适应原则、流动适度原则、共同发展原则、能力层序原则。

3. 卡兹曲线告诉我们，企业也会经历成长、成熟、衰退的过程，其最佳年龄区域为 1.5~5 年。超过五年以后，就会面对组织老化的困境，这也说明人员流动的重要性，因此最佳的解决方法就是通过人员的流动为组织注入新的活力。一般来说，流动时间间隔要在 2 年以上，这能让员工适应新的组织环境、完成一个岗位上的工作项目。

4. 人事规划实施的程序包括如下三个步骤。
   （1）规划任务的落实。
   （2）组织结构的调整。
   （3）资源的优化配置。

5. 人事规划控制的程序包括如下五个步骤。
   （1）确定控制目标。
   （2）制定控制标准。
   （3）建立控制体系。
   （4）衡量评价实施效果。
   （5）采取调整措施。

五、论述题

1. 人事规划的作用如下。
   （1）增强企业在市场竞争中的应对能力。

（2）满足企业发展战略的要求。
（3）指导企业内部人力资源管理。
（4）促进企业内部人力资源开发。

2. 答：归根到底，人事资源规划的过程，只停留在理论层面而没有应用与实践，是没有意义的。人事资源规划只有具体实施，才能够对企业人力资源管理战略发展起到促进作用。

从企业人事资源规划的整体过程来看，人事规划的应包括规划的制订和实施两大部分。人事规划是根据企业内外部环境的变化去制订的，而规划的成功实施会指导企业朝更加健康的方向发展，规划一旦出现偏差，而不能及时纠正的话，可能会对人力资源乃至整个企业的发展产生不好的影响。因此，需要在规划实施的过程中对规划实行监控，并对过程中出现的偏差进行修订，这样的规划才更有效率。人事资源规划的实现需要从实施控制、组织结构设置、资源配置等方面给予保证。人事资源规划的实施控制是规划实施的保证环节。它需要根据规划的目标要求、企业发展现状及企业的目标对规划加以控制。

第6章 录用与培训

考核内容

录用的含义、意义和原则，录用人员的需求和供给预测，制定录用策略，规范的招募测试与甄选，录用决策，录用评估，培训的含义与意义，培训的需求分析，在实际的人事管理工作中选择合理的培训方法，合理的培训实施，培训的评估。

录用人员是组织人力资源的来源，是人事管理的首要工作。培训为人事管理中的重要一环。

一、录用的含义

人事录用包括招募人员、甄选人员及录用决策三方面的内容。

二、录用的意义

录用的意义在于：满足组织对员工的需要；在一定程度上保证员工队伍的稳定性；在一定程度上降低组织人事体系的管理成本，提升组织的效率，树立组织的良好形象。

三、录用的原则

录用的原则有公平、公正、公开原则，效率原则，合法原则。

四、录用的规划

录用规划是基于员工需求和供给预测，由人力资源部门根据组织的岗位结构状况，分析与预测组织内岗位空缺及合格职员获得的可能性，进而制定的关于实现员工补充的一系列工作安排。

（一）员工需求预测

员工需求预测是录用工作的基础，也是首要环节。其影响因素包括整体的经济环境、社会及政治压力、技术改进、组织政策。其预测方法包括趋势预测法、比率预测法、工作负荷预测法、电脑软件分析法。

（二）员工的供给预测

员工供给包括内部供给和外部供给：①内部供给指的是组织以内部现有任职人员补充人员空缺需求；②外部供给指从外部招募人员。

五、录用的程序

人事录用是一个复杂、完整而又连续的程序化操作过程，如图6-1所示。

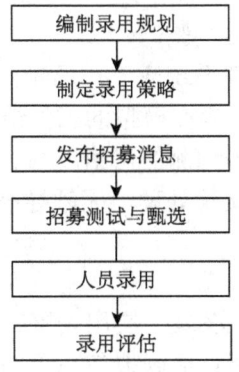

图6-1　人事录用过程

(一)制定录用策略

录用策略主要集中于招募人员、招募地点、招募时间、招募渠道、甄选策略等。其中招募渠道包括内部招募和外部招募,其优缺点如表6-1所示。

表6-1 内外部招募的优缺点比较

招募类型	优 点	缺 点
内部招募	1. 对组织认同感更高 2. 调动内部员工的积极性 3. 减少管理成本 4. 降低用人风险 5. 提高组织工作效率	1. 创新不足 2. 容易出现"以次充优"现象 3. 容易引发内部矛盾 4. 容易产生"涟漪效应"现象
外部招募	1. 外部人员有创新的思想 2. 有利于平缓内部矛盾 3. 可供选择的余地大 4. 有利于树立组织形象	1. 对组织的认同感不高,进入角色较慢 2. 招募成本较大 3. 容易导致招到不合适的人 4. 影响内部员工的积极性

(二)招募测试与甄选

招募测试与甄选包括三个阶段:①资格审查阶段;②背景调查阶段;③素质测评阶段。

素质测评是利用笔试、心理测验、面试和评价中心等工具来进一步筛选应聘者的多维度的考核方法。

笔试指通过让被试者在规定的时间和地点,按照试卷的要求,解答事先拟好的试题,然后依据解答的正确程度,通过卷面评分来评判其掌握知识的程度和综合分析能力、文字表达能力及逻辑思维能力的一种方法。

面试是考官与被试者进行双向信息交流的过程,是考察被试者是否达到职位所要求的素质标准的一种测试手段。面试程序是:了解面试者、明确面试维度、设计面试题目、面试考官培训、面试场地准备、面试过程实施、面试评价与面试报告。

心理测试是指根据已标准化的实验工具测量表,引发和刺激被测试者的反应,所引发的反应结果由被测试者自己或他人记录,然后通过一定的方法进行处理,予以量化,描绘行为的轨迹,并对其结果进行分析。其优点在于进行定量的分析,具有科学性。心理测试的内容包括智力测验、个性测验、职业能力测验。

评价中心指创设一个模拟的管理系统或工作场景,将被测试者纳入该系统中,采用多种评价技术和手段,观察和分析被测试者在模拟的工作情境压力下的心理行为,以测量其管理能力和潜能的测评方法。其优点在于预测的可信度高、效度高、信息量大、针对性强、客观公正等。评价中心常用的方法有公文筐处理、无领导小组讨论、管理游戏、角色扮演。

(三)录用

人员录用通常包括决策、公示、备案、实用安置、正式录用。其中录用决策包括:总结应聘者的信息;考虑影响决策的因素;根据拟任职者的要求,综合应聘者的考试、考查和体检结果,经招录机关领导研究讨论同意,确定拟录用人员名单。决策常见的模式有单一决策模式和复合决策模式。决策常见的决策方法有诊断法、统计法。

六、录用的评估

录用评估的指标主要包括成本评估、数量评估、质量评估及效率评估四个方面。其中，数量评估在于以下三个指标——录用比、招聘完成比、应聘比。

七、培训的含义

人事培训指通过培训、开发、教育等手段提高组织员工的知识、技能、能力和态度所开展的一系列有计划、有系统的工作。

八、培训的意义

培训的意义在于如下几个方面。
（1）组织接受新的挑战的有力武器。
（2）工作复杂化的客观需要。
（3）促进组织员工接受组织变革的手段之一。
（4）增加员工对组织的认同感。
（5）有效地激励员工。

九、培训的需求分析

培训的需求分析是指组织在从事培训活动之前，从长远的发展目标或近期目标出发，采用各种方法或技术，对组织成员的现有素质构成、知识和技能等进行的系统鉴别与分析。

培训需求评估是培训需求分析的首要任务。培训需求评估指的就是根据员工培训需求评估的目标，完成培训需求的确认工作。培训需求分析的三大要素为基于战略层面的培训需求分析、基于组织层面的培训需求分析、基于员工层面的培训需求分析。培训需求分析的技术方法有绩效考核法、差距分析法、现场观察法、面谈征询法、资料分析法、问卷调查法。

十、培训的方法

（一）讲授法

讲授法属于比较常见的培训方法，指培训师通过授课的方式让培训对象熟记知识。其优点在于操作方便，便于培训者控制整个培训过程，常用于理论性的学习；缺点在于知识的单向传递，效果差。

（二）研讨法

研讨法包括小组讨论式和演讲讨论式等。其优点在于信息的多向传递，反馈效果较好。

（三）案例研究法

案例研究法（case study）是培训活动中受到普遍重视和欢迎的一种培训方法，指通过对特定案例的分析，其中包含大量的背景资料，让学员寻找合适的解决办法。其优点在于学员参与性高，培养学员的分析、解决实际问题的能力，并容易将培训成果带入以后的实际工作中，反馈效果较好。

（四）角色扮演法

角色扮演法指在模拟工作环境中，要求学员扮演某一角色并进入角色情境去处理各种问题和矛盾，使得学员真正地体验到所扮演角色的感受和行为，以改善自己的工作态度与行为表现。其优点在于信息的多向传递，实践性强，反馈效果颇佳。

（五）行为示范法

行为示范法指让培训对象观摩行为标准样例或录像、幻灯片等，并进行实际操作的一种培训方法。其优点在于有效地提高实践操作技巧。

（六）互动小组法

互动小组法通常也称为敏感性训练（sensitive training），是应用较为广泛的针对管理人员的一种培训方法。它指通过培训活动使学员亲身体验到人际关系及在管理压力下群体的互动分析，以提高学员自我认识和处理人际关系的能力。其优点在于能有效地提高学员的自我认识和处理人际关系的能力。

十一、培训的实施

培训实施的步骤如图 6-2 所示。

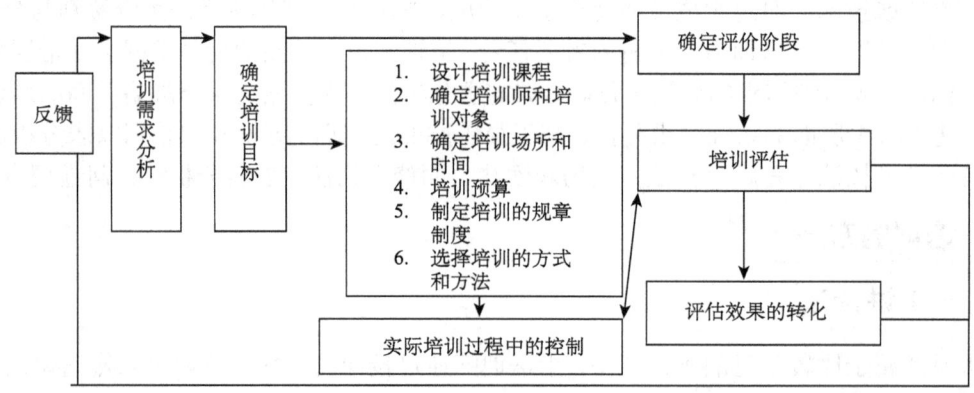

图 6-2　培训实施步骤

十二、培训的评估

培训评估是贯穿整个培训过程的管理控制活动。培训评估的四个层次是：①反应，即学员的直接感受，表现在学员对培训活动的反馈；②学习，即知识、技能的掌握程度，体现在学员的考核成绩评估；③行为，即学员工作行为的改进程度，体现在工作表现的评估上；④结果，即工作业绩的提高程度，体现在工作绩效的评估上。

第6章 录用与培训

 重点和难点

本章重点是录用策略、录用决策和培训需求分析。难点是在实际的人事管理的工作中选择合理的培训方法、合理的培训实施、培训的评估。

同步综合练习题

一、单项选择题

1. 录用工作的首要环节是（　　）。
   A. 人员需求预测分析　　　　B. 人员录用
   C. 招募测试与甄选　　　　　D. 制定录用策略
2. 人事录用工作的最基本原则是（　　）。
   A. 公平原则　　　　　　　　B. 合法原则
   C. 效率原则　　　　　　　　D. 公开原则
3. 招募测试和甄选环节中，一种能直接证明求职者情况的有效方法是（　　）。
   A. 背景调查　　　　　　　　B. 心理测试
   C. 面试　　　　　　　　　　D. 评价中心
4. 录用的效率评估体现在（　　）等方面。
   A. 录用数量　　　　　　　　B. 录用人员的工作绩效
   C. 录用的成本　　　　　　　D. 录用人员的能力
5. 培训活动中受到普遍重视和欢迎的一种培训方法是（　　）。
   A. 讲授法　　　　　　　　　B. 行为示范法
   C. 角色扮演法　　　　　　　D. 案例研究法
6. 评价学员知识、技能的掌握程度的层次是（　　）。
   A. 反应　　　　　　　　　　B. 结果
   C. 行为　　　　　　　　　　D. 学习
7. 下面哪一项不是基于战略层面的培训需求分析的内容（　　）。
   A. 人事预测　　　　　　　　B. 组织可提供的资源
   C. 组织态度调查　　　　　　D. 组织优先权的改变
8. 下面哪一项不属于按面试内容划分的种类（　　）。
   A. 情景化面试　　　　　　　B. 半结构化面试
   C. 心理面试　　　　　　　　D. 职位追溯面试
9. 下列不属于行为示范培训流程的内容有（　　）。
   A. 注意　　　　　　　　　　B. 学习
   C. 机械重复　　　　　　　　D. 回应
10. 通过在工作现场直接观察员工的实际工作行为进行培训需求分析的方法是（　　）。
    A. 绩效考核法　　　　　　　B. 面谈征询法
    C. 现场观察　　　　　　　　D. 现实分析法

二、多项选择题

1. 评价中心常用的方法有（　　）。
   A. 文件筐处理　　　　　　　B. 角色扮演

        C. 管理游戏　　　　　　　　D. 无领导小组法
    2. 录用预算包括（　　）。
        A. 招募广告预算　　　　　　B. 体检
        C. 甄选预算　　　　　　　　D. 招募测试预算
    3. 录用的数量评估的指标为（　　）。
        A. 录用比　　　　　　　　　B. 收益-成本比
        C. 应聘比　　　　　　　　　D. 招募完成比
    4. 基于员工层面的培训需求分析包括（　　）。
        A. 人事预测　　　　　　　　B. 组织环境分析
        C. 职业规划　　　　　　　　D. 工作绩效
    5. 按培训目的划分，培训种类有（　　）。
        A. 初任培训　　　　　　　　B. 专门业务培训
        C. 在职培训　　　　　　　　D. 晋升培训

三、名词解释

    1. 录用决策
    2. 人事培训

四、简答题

    1. 人事录用的原则是什么？
    2. 人员甄选的方法有哪些？
    3. 培训需求预测的内容有哪些？
    4. 人事培训评估的四个层次是什么？

五、论述题

    1. 人事录用的程序包括哪些步骤？
    2. 培训的方法有哪些？以某一方法为例进行详细的阐述。

参 考 答 案

一、单项选择题

    1. A　　2. B　　3. A　　4. B　　5. D
    6. D　　7. B　　8. B　　9. B　　10. C

二、多项选择题

1. ABCD 2. ABCD 3. ACD 4. CD 5. ABCD

三、名词解释

1. 录用决策是指对通过甄选测试的应聘者进行的进一步的甄选挑选，确定哪一位或哪几位应聘者被最终录用的过程。

2. 人事培训指通过培训、开发、教育等手段提高组织员工的知识、技能、能力和态度所开展的一系列有计划的、有系统的工作。

四、简答题

1. 录用的原则有公平、公正、公开原则，效率原则，合法原则。
2. 人员甄选的方法包括笔试、心理测验、面试和评价中心。
3. 培训需求评估是培训需求分析的首要任务。培训需求评估指的就是根据员工培训需求评估的目标，完成培训需求的确认工作。培训需求分析的三大要素为基于战略层面的培训需求分析、基于组织层面的培训需求分析、基于员工层面的培训需求分析。
4. 培训评估的四个层次如下：①反应，即学员的直接感受，表现在学员对培训活动的反馈上；②学习，即知识、技能的掌握程度，体现在学员的考核成绩评估上；③行为，即学员工作行为的改进程度，体现在工作表现的评估上；④结果，即工作业绩的提高程度，体现在工作绩效的评估上。

五、论述题

1. 人事录用是一个复杂、完整而又连续的程序化操作过程，包含录用规划、录用策略、招募与甄选、人员录用及录用评估。

（1）编制录用规划。其内容包括招募的数量与结构，录用的标准与招募的质量，招募的对象、范围和地点，甄选的程序与方法。

（2）制定录用策略。录用策略是为了实现录用计划而采取的具体手段和措施，具体包括招募人员、招募地点、招募时间、招募渠道、甄选策略等。

（3）发布招募信息。其内容包括招募通知的内容、招募通知发布的形式、招募通知发布的原则。

（4）招募测试和甄选。招募测试和甄选是通过采用多种方法途径对应聘者的一系列素质信息的收集、考察、核实，确定应聘者素质技能同应聘岗位相匹配的甄选过程。其内容包括资格审查阶段、背景调查阶段、素质测评阶段。其中，素质测评是利用心理测验、面试和评价中心等工具来进一步筛选应聘者的多维度的考核方法，是组织直接了解求职者的工作动机与其所具备的技能素质等的方式。该阶段一般是在初步筛选及背景调查后，由人事部门组织笔试、面试及其他素质测评方式，包括心理测试、评价中心。

（5）人员录用。人员录用是一种计划性、程序性较强的环节。人员录用通常包括决策、公示、备案、实用安置、正式录用。

（6）录用评估。录用评估的指标主要包括成本评估、数量评估、质量评估及效率评估四个方面。

2. 培训常见的方法有教授法、研讨法、案例研究法、角色扮演法、行为示范法、互动小组法。

以案例研究为例。

案例研究法（case study）是培训活动中受到普遍重视和欢迎的一种培训方法，指通过对特定案例的分析，其中包含大量的背景资料，让学员寻找合适的解决办法。详细而言，它根据一定的学习要求和培训目的，将实际生活中的真实情景加以典型化处理后，让学员真实地体验和分析复杂问题的过程。其优点在于学员参与性高，培养学员的分析、解决实际问题的能力，并容易将培训成果带入以后的实际工作中，反馈效果较好。

案例研究法通常以小组讨论方式进行。案例研究分析小组通常具有以下特点。

（1）小组是依据案例的不同而随机组成的。

（2）每个小组培训项目的人数为 4~8 人，每个参加者要自始至终，不得中途退出。

（3）每个参加者最好有不同的性格、经历、知识和技能。

（4）小组培训要集中解决某一个问题，在解决问题的过程中让参加者了解沟通和协作的重要性。

在案例分析的最后集中讨论中，培训师通常会指定某一个小组代表说明案例、分析问题并提出该小组解决问题的手段，然后其他小组的培训对象从自己小组的角度来分析同一个案例，并阐述自己的看法、措施，以及在哪些地方比第一个小组更符合实际情况。在整个讨论中，培训师应发挥指导、推进和协助的作用，观察学员的行为，掌握进度，及时引导，使讨论有效进行以避免某些学员的观点偏离主题。

案例的编制和选择就不详细阐述了，可参照有关优质案例的书籍。

第7章 人事变动与流动管理

考核内容

人事变动的有关理论，企业员工流动中的基本理论和政策含义，公务员流动的基本内涵、基本类型和基本矛盾，以及公务员流动面临的挑战与基本特点、功能，当前公务员流动存在的问题和完善对策。

人事流动直接关系到组织发展和企业运行绩效的实现，有效进行人事变动和人员流动管理的最终目的是能够充分发挥在岗人员的工作效能，保证组织柔性，全面实现企业利润和组织绩效，适应社会经济的发展需要。

一、人事变动概述：基于公务员流动的角度

（一）公务员流动的含义

公务员流动就是指在行政系统内外部及内部之间，依据法定程序和方法，在一定时期内工作性质、地域、领域、职务（称）、岗位在国内或国际上的变动。公务员流动的实质是人事关系在公务员范畴内的调整。按照不同的划分标准，公务员流动有不同的类型。公务员流动须具备一定的条件，遵循一定的模式。

（二）公务员流动的基本类型

公务员流动根据不同的标准，可以分为不同的类型：①结构性流动和自主性流动；②动编流动与在编流动；③宏观流动、中观流动和微观流动；④主动流动与被动流动；⑤有序流动和无序流动；⑥空间流动与专业流动；⑦入界流动、界内流动与出界流动等。

（三）公务员流动的衡量指标

公务员流动的衡量指标有多个，主要包括流动方向、流动空间、流动方式、流动频率和流动规程等。

（四）公务员流动的内在矛盾

（1）公务员与实现价值和需要的矛盾。
（2）公务员与事的矛盾。
（3）公务员与公务员的矛盾。

（五）公务员流动面临的外部挑战

（1）市场经济的发展对公务员流动管理提出挑战。
（2）政治行政体制改革的深化对公务员流动管理提出挑战。
（3）经济一体化对公务员流动管理提出挑战。

（六）公务员流动的基本特点

（1）经济利益驱动性。
（2）动态适应性。
（3）能级对应性。
（4）行政文化导向性。

（七）公务员流动的基本功能

（1）有利于促进公务员自身价值的实现。

(2)有利于优化公务员人才资源配置。
(3)有利于提高行政组织效力。

二、公务员流动中存在的问题与优化策略

(一)公务员流动中存在的问题

(1)公务员流动方向单一,趋利流动明显。
(2)公务员入口管理的科学有效性有待提高。
(3)公务员内部流动缺少活力。
(4)公务员出口管理有待完善。

(二)我国公务员流动的完善对策

(1)明确我国公务员流动管理的定位与原则。
(2)培育新型组织文化,营造先进文化环境。
(3)推行组织改造,营造良好组织环境。
(4)完善公务员流动管理的机制。
(5)构建公务员流动激励机制。
(6)完善公务员退出的配套制度。

三、企业员工流动管理

(一)员工流动管理的概述

1. 员工流动管理的概念

员工流动管理是指企业对人力资源的流入、内部流动和流出进行计划、协调和控制,确保企业人力资源的可获得性,满足企业发展需求和员工的职业生涯发展需要。

2. 员工流动管理的目标

(1)保证企业顺利获得人才。
(2)培养和发展企业在战略执行中所需的人才。
(3)能使员工个人职业规划发展与企业战略匹配结合。
(4)让员工感到归属感,培养员工忠诚度。
(5)构建企业人力资源发展的制度环境。
(6)获得最高效的人力资源配置效率。

3. 员工流动管理和企业战略发展的关系

员工的流动直接影响着企业的战略发展,主要从以下几方面考虑:第一,企业发展的战略目标;第二,企业文化建设的要求;第三,对员工能力、忠诚度和归属感的影响。

(二)员工流入管理

(1)招聘程序。

（2）制定招聘策略。

（三）员工流出管理

1. 员工流出的概念

员工流出主要包括员工自然流出、非自愿流出及自愿流出（即员工离职）。员工的自然流出，主要指病弱残亡和退休。而非自愿流出主要指解雇和提前退休。其中提前退休通常由企业提出，目的是提高企业经营效率，并为年轻潜力员工纵向打开晋升通道。除了员工的自然流出和非自愿流出外，还有自愿流出的形式。

2. 员工流失的管理

控制员工流失是企业人力资源管理质量最为直观的反映，是企业稳定性的体现。企业需要从软环境和硬环境两方面着手对员工流失进行管理和控制；同时，对员工流失进行管理需注意差别控制原则、效率原则及适度原则。

本章重点是公务员流动的基本内涵、类型、特点与基本功能。难点是公务员流动的优化策略、企业员工流动的基本理论与方法。

同步综合练习题

一、单项选择题

1. 公民通过一定的形式和渠道进入公务员系统属于（　　）。
   A. 界内流动　　　　　　　　B. 入界流动
   C. 出界流动　　　　　　　　D. 垂直流动
2. （　　）是指人与事结合一直存在着相互制约、相互促进发展变化的规律性。
   A. 经济利益驱动性　　　　　B. 动态适应性
   C. 能级对应性　　　　　　　D. 行政文化引导性
3. （　　）指包括信念、作风、行为规范在内的组织成员的共同价值观体系。
   A. 组织文化　　　　　　　　B. 组织架构
   C. 组织柔性　　　　　　　　D. 组织信念
4. （　　）是引导公务员人才资源优化配置的重要杠杆。
   A. 制度设计　　　　　　　　B. 劳动契约
   C. 工资机制　　　　　　　　D. 保障机制
5. （　　）是指解雇、提前退休、被动型在职失业。
   A. 自然流出　　　　　　　　B. 非自愿流出
   C. 随机流出　　　　　　　　D. 自愿流出
6. （　　）是从确定职位空缺、确定招聘策略到应聘者筛选及录用等一系列环节的整个过程。
   A. 工作分析　　　　　　　　B. 招聘程序
   C. 绩效考核　　　　　　　　D. 人员遴选
7. 公开考核办法及考核程序，采取结构化测试的方法来筛选应聘人员是筛选原则中的（　　）。
   A. 公平竞争　　　　　　　　B. 双向选择
   C. 宁缺毋滥　　　　　　　　D. 以人为本
8. 下列不是员工流动管理目标的是（　　）。
   A. 保证企业顺利获得人才　　B. 培养员工忠诚度
   C. 获得最高的人力资源配置效率　D. 遴选优秀人才

二、多项选择题

1. 以人员流动的空间为主线来分析，公务员流动可以分为（　　）。
   A. 入界流动　　　　　　　　B. 水平流动
   C. 界内流动　　　　　　　　D. 出界流动
   E. 垂直流动
2. 公务员流动的衡量指标包括（　　）。
   A. 流动方向　　　　　　　　B. 流动空间

C. 流动方式 D. 流动频率
E. 流动规程
3. 公务员流动的基本特点包括（　　）。
   A. 利益驱动性 B. 动态适应性
   C. 能级对应性 D. 行政文化引导性
   E. 单向垂直性
4. 外部招聘的渠道有（　　）。
   A. 人才招聘会 B. 校园招聘
   C. 员工推荐 D. 人才中介机构和猎头公司
   E. 网络招聘
5. 公务员流动的基本原则有（　　）。
   A. 党管干部原则 B. 群众公认原则
   C. 依法办事原则 D. 流动与稳定相协调的原则
   E. 适度流动原则
6. 人员筛选的原则有（　　）。
   A. 公平竞争 B. 以人为本
   C. 宁缺毋滥 D. 统筹兼顾
   E. 双向选择

三、名词解释

1. 公务员流动
2. 员工流动管理
3. 非自愿流出

四、简答题

1. 公务员流动的外部挑战是什么？
2. 公务员流动的基本特点是什么？
3. 公务员流动的基本功能是什么？
4. 公务员流动存在哪些问题？
5. 如何构建良好的组织环境？
6. 如何完善公务员退出的配套制度？

五、论述题

1. 试述公务员流动存在问题的原因。
2. 试述公务员流动的优化策略。
3. 试述企业员工流动与企业战略的关系。

参考答案

一、单项选择题

1. B 2. B 3. A 4. C
5. B 6. B 7. A 8. D

二、多项选择题

1. ACD 2. ABCDE 3. ABCD 4. ABCDE
5. ABCDE 6. ACE

三、名词解释

1. 公务员流动就是指在行政系统内外部及内部之间，依据法定程序和方法，在一定时期内工作性质、地域、领域、职务（称）、岗位在国内或国际上的变动。公务员流动的实质是人事关系在公务员范畴内的调整。按照不同的划分标准，公务员流动有不同的类型。公务员流动须具备一定的条件，遵循一定的模式。

2. 员工流动管理是指企业对人力资源的流入、内部流动和流出进行计划、协调和控制，确保企业人力资源的可获得性，满足企业发展需求和员工的职业生涯发展需要。

3. 非自愿流出是指解雇、提前退休、被动型在职失业的员工流动类型。

四、简答题

1. 公务员流动的外部挑战如下。
(1) 市场经济的发展对公务员流动管理提出挑战。
(2) 政治行政体制改革的深化对公务员流动管理提出挑战。
(3) 经济一体化对公务员流动管理提出挑战。

2. 公务员流动的基本特点有如下几个。
(1) 经济利益驱动性。
(2) 动态适应性。
(3) 能级对应性。
(4) 行政文化引导性。

3. 公务员流动的基本功能如下。
(1) 有利于促进公务员自身价值的实现。
(2) 有利于优化公务员人才资源配置。
(3) 有利于提高行政组织效力。

4. 公务员流动存在如下问题。

（1）公务员流动方向单一，趋利流动明显。
（2）公务员入口管理科学有效性有待提高。
（3）公务员内部流动缺少活力。
（4）公务员出口管理有待完善。

5．构建良好的组织环境应做好如下几个方面的工作。

（1）各级政府行政领导者是组织文化创建的倡导者和积极推动者，负有选择本级政府组织的行政理念和价值准则的责任。

（2）要有意识地培育组织文化，广泛吸收来自组织内外部的文化资源，确立组织文化的特征、构成要素和核心内容。

（3）选择和建立"共同价值观"体系，确定组织文化风格。各级政府在选择和建立"共同价值观"体系时，一方面要与上级政府组织的"共同价值观"保持一致，有其共性；另一方面要紧密结合本地的政治、经济、文化等实际情况，有其特性。

（4）在实施中完善组织文化。在这个过程中，各级政府的高层领导者的推动作用极为关键。他们必须更新观念，转变管理方式，改革管理规章制度。

（5）加强行政理论、管理等方面的教育和培训，为行政组织文化建设提供行政人员的素质保证。

（6）推进组织文化的社会化进程。让公务员适应、接受组织文化的社会化过程也是组织文化建设和推进的关键环节。只有当公务员完全认可了政府的"共同价值观"体系，使政府的价值观变为自己的价值准则和行为规范，并产生出很高的工作满意和工作绩效时，才能说已在政府内部形成了真正的先进组织文化。

6．退出制度是公务员的出口管理制度，它与外界社会环境有着特别密切的关系，其有效实行有赖于外部其他政策或法规的配合与协调。

（1）建立和完善公务员社会化保障体系。当前必须着重要做的工作是完善社会保障制度。要推动公务员辞职、辞退制度的实施，就必须加快养老、伤残、医疗等社会保险制度的改革，在国家统一规划下形成较为完备的社会保障体系。加快公务员保障体系社会化进程，变单位保障、国家保障为社会保障，实现公务员的保障体制与社会和市场顺利对接，形成公务员队伍与社会的顺畅流通，以有效解决公务员退出的问题。

（2）建立健全公务员退出的开发、培训和就业指导制度。要顺利实施公务员退出制度，就必须考虑公务员辞职和辞退后的出路。发展人才市场，开展就业指导、就业培训等活动，促进因辞职和被辞退、开除等而失业的人员再就业。目前，我们需要在国家的宏观调控下，加速人才市场机制和社会化服务体系建设；同时也要完善我国的社会化服务体系，政府人事部门的人才服务机构除承担国家法律、政策赋予的管理职能外，还应在公务员交流、开发、评价、储备和职业生涯规划等方面提供全方位的服务。

公务员合理有序流动，是社会进步与发展的重要体现，党的十八大也对此提出了明确要求。但是，我国现行公务员流动机制在如何实现为政府广纳群贤、整合关系、化解矛盾、新陈代谢、提高效能等方面还存在着不少问题。只有通过进一步探讨我国公务员流动的基本矛盾、外部挑战、流动特点、功能等，提出进一步更新公务员流动管理的理念、完善公务员流动管理的政策等建议，才能达到促进公务员人才资源的优化配置和行政效率提高的目的。

五、论述题

1. 公务员流动存在问题的原因如下。
（1）思想文化上，官本位意识根深蒂固。
（2）组织上，权力集中度较高。
（3）制度上，公务员流动管理不够规范。

目前，我国公务员法对公务员的流动管理还没有形成相对完善的体系，给公务员的流动管理造成很大的不便。①流动市场配置机制不完善，选才开放程度不够。②流动管理规定比较分散，政府宏观调控力度不够。③流动评价机制不明细，公务员流动不积极。④流动激励机制不健全，留才问题日益突出。⑤流动监督机制不健全，因人流动需要改变。

2. 公务员流动的优化策略如下。
（1）明确我国公务员流动管理的定位与原则。
（2）培育新型组织文化，营造先进文化环境。
（3）推行组织改造，营造良好组织环境。
（4）完善公务员流动管理的机制。
（5）构建公务员流动激励机制。
（6）完善公务员退出的配套制度。

3. 员工的流动直接影响着企业的战略发展，主要从以下几方面考虑。

第一，企业发展的战略目标。以营利为终极目标的民营企业、外资企业等对员工的流动管理方面波动性较大，员工流动较为频繁；大型央企、国有企业则除企业本身的利润要求外，需兼顾为社会提供稳定的就业岗位和福利保障等要求，在员工流动管理方面需要兼顾稳定，流动率较低。

第二，企业文化建设的要求。企业文化建设是指企业将自身的发展信念、价值观等进行标准化和可识别化，并在企业内部传播，逐渐形成统一认识，规范员工的具体行为。这种将抽象的企业文化贯彻到员工的具体行为中是一个长时间的过程，如果流动管理没有固定的模式而导致人员规模波动较大的话，则不利于企业文化建设。

第三，对员工能力、忠诚度和归属感的影响。较为稳定的流动管理模式有利于加强企业内部员工的凝聚力和执行力，培养员工的忠诚度和归属感，可以将员工的职业生涯和企业的发展阶段有机结合。如果没有稳定的员工流动率，过分强调对员工的选择而淡化了企业对员工的培养，使得员工在企业没有动力，容易产生倦怠感进而影响企业绩效。因此往往采用外部招聘和内部流动的方式，保持员工流动的总体稳定。最后，对提升组织运行效率的影响。采取适度的流动管理，尤其是打通纵向的流动管理模式可以为企业内人员提升新陈代谢机能，有利于提升组织活力，有利于企业创新。

第8章 人事绩效管理

考核内容

　　掌握绩效考核的概念、作用和原则，了解绩效考核的类型，清楚绩效考核的内容、程序，能运用绩效考核的基本方法开展人事考核；掌握激励的概念、作用和原则，了解激励的类型，清楚激励机制的运行过程，在实际中能灵活运用激励的基本方法。

人事绩效管理主要包括绩效考核和人事激励，是人事管理的重要一环，它的重要性突出地表现在它对其他人事管理活动所起的基础和支持作用上。

一、绩效

绩效是组织整体或员工个人在实现预定目标的过程中采取的行为及其做出的成绩和贡献，因此绩效可以分为组织绩效和个人绩效。个人绩效主要是指员工个人的工作效率、工作态度、服务质量，以及上级和同事对自己的工作评价。在现代人力资源管理中，个人绩效是绩效管理的重点。

二、绩效考核的内涵和作用

绩效考核是指组织根据法定的管理权限，按照一定的原则、程序和绩效标准，对所属员工的工作数量、工作质量、工作效益、工作能力、工作态度、行为能力等情况进行系统的考核，并将此作为对员工进行职位晋升、薪酬调整、培训、辞退等一系列奖惩的客观依据。

绩效考核在组织管理中的作用：①绩效考核为员工的任用、调动和升降提供了依据；②绩效考核为组织确定合理的薪酬提供了依据；③绩效考核为员工的培训和开发提供了依据；④绩效考核为组织在变革和发展中提供了决策依据。

三、绩效考核的原则

绩效考核需遵循的原则：①公平公正原则；②客观准确原则；③多元化原则；④可行性原则；⑤实用性原则；⑥公开性原则；⑦及时反馈原则。

四、绩效考核的类型

（一）按绩效考核的性质划分

（1）定性考核。
（2）定量考核。

（二）按绩效考核的主体划分

（1）上级考核。
（2）人力资源部门考核。
（3）专业团队考核。
（4）同事考核。
（5）自我考核。
（6）下级考核。
（7）外部考核。

（三）按绩效考核的形式划分

（1）口头考核与书面考核。
（2）直接考核与间接考核。

（3）个别考核与集体考核。

（四）按绩效考核的标准划分

（1）绝对标准考核。
（2）相对标准考核。

（五）按绩效考核的时间划分

（1）日常考核。
（2）长期考核。
（3）定期考核。
（4）不定期考核。

五、绩效考核的内容

绩效考核内容主要包括"德、能、勤、绩、廉"等五个方面。

六、绩效考核的方法

（1）序列比较法，是按员工工作成绩的好坏进行排序考核的一种方法。

（2）相对比较法，是对若干员工的同一考核内容进行两两比较，任何两位员工都要进行一次比较，决定其优劣的方法。

（3）强制分步法，需要考核人员先设定一个类似于正态频率分布型的评定等级比例（优秀、良好、符合标准、有改进余地、不令人满意），然后将被考核的员工强制分布到每一个工作绩效等级上去。

（4）360度绩效考核法，是指从与被考核者发生工作关系的多方主体那里获得被考核者的信息，以此对被考核者进行全方位、多维度的绩效评估的过程。

（5）目标管理法，是通过将组织的整体目标逐级分解直至个人目标，最后根据被考核员工完成工作目标的情况来进行考核的一种绩效考核方式。

（6）关键绩效指标考核法，是指运用关键绩效指标（KPI）进行绩效考核的方法。

（7）图解式评定量表法，是针对每一项评定的重点或考评项目，预先设立基准，包括连续尺度法（即以不间断分数段表示的尺度）和非连续尺度法（即依据等级间断分数表示的尺度），然后在进行工作绩效考评时，再针对每一位员工从每一项考评要素中找到最能反映其绩效状况的分数，最后将每一位员工所得的分值进行加总，即得到该员工的最终工作绩效考评结果。

七、绩效考核的程序

确定考核周期，编制工作计划，校正量效化指标，调控考核过程，验收工作成效，考核结果运用。

八、绩效考核结果的处理

（1）绩效考核反馈，它主要通过考核者与被考核者之间的沟通，就被考核者在考核周期内的绩效情况进行面谈，在肯定成绩的同时，找出工作中的不足并加以改进。

（2）处理考核申诉，尊重被考核者的申诉，厘清申诉的原因，把令申诉者信服的处理结果告诉被考核者，将处理考核申诉过程转化为互动互进的过程。

九、激励的内涵

激励，就是在外部某种刺激因素的影响下，使人产生一股内在动力朝所期望的目标追求、奋斗的心理活动过程。

十、激励的作用

（1）目标导向性功能。
（2）激发员工的工作动力。
（3）促进各部门的协调统一，构建凝聚型组织。

十一、激励的原则

（1）实事求是与合理公正相结合的原则。
（2）组织目标与个人需要相结合的原则。
（3）物质激励与精神激励相结合的原则。
（4）奖励为主与适度惩罚相结合的原则。
（5）注重激励成本原则。

十二、激励的类型

激励的类型包括物质激励与精神激励、正激励与负激励、外激励与内激励。

十三、激励机制

激励机制是指在组织系统中，激励主体通过激励手段或激励因素与激励客体之间发生相互作用的关系的总和，包括激励时机、激励频率和激励程度。

十四、激励的运行过程

需要与刺激结合引发动机，动机导致行为，行为指向目标，如图8-1所示。

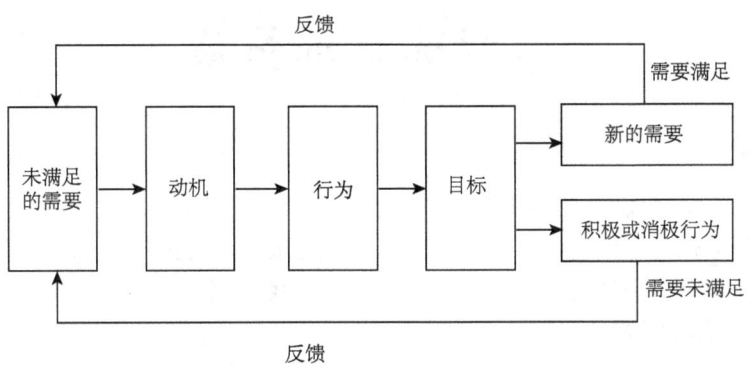

图 8-1　激励的运行过程

十五、激励的基本方法

激励的基本方法有如下几种。

（1）经济性激励法。
（2）非经济性激励法：工作激励、培训和发展机会激励、荣誉激励、工作环境激励。
（3）目标激励法。
（4）参与激励法。
（5）情感激励法。
（6）示范激励法。

重点和难点

本章重点是绩效考核的原则、内容、方法及结果处理，激励的原则、类型和方法。难点是绩效考核的过程及方法运用、激励方法的运用。

同步综合练习题

一、单项选择题

1. 下列选项中，绩效考核不是按形式划分的是（　　）。
   A. 口头考核与书面考核　　　　B. 直接考核与间接考核
   C. 个别考核与集体考核　　　　D. 自我考核
2. 绩效考核按时间划分包括（　　）。
   A. 定性考核　　　　　　　　　B. 外部考核
   C. 定期考核　　　　　　　　　D. 绝对标准考核
3. 员工绩效与组织绩效的关系是（　　）。
   A. 有联系，但联系不是很大　　B. 相互独立
   C. 既有区别也有联系　　　　　D. 以上都正确
4. 绩效管理是一个完整的管理过程，包括（　　）。
   A. 绩效实施与辅导　　　　　　B. 绩效计划制订
   C. 绩效评价和绩效反馈　　　　D. 以上选项都包括
5. 使用相对比较法作为绩效考核方法，当需要考核的员工有 10 名时，考核人员需要做（　　）次比较。
   A. 45　　　　　B. 55　　　　　C. 65　　　　　D. 100
6. 360 度绩效考核法的信息除了来自上级监督者的自上而下的反馈（上级），来自平级同事的反馈（同事），来自下属的自下而上的反馈（下属），来自企业内部的支持部门和供应部门的反馈（支持者），以及来自本人的反馈外，还应该来自（　　）。
   A. 父母
   B. 来自公司内部和外部的客户的反馈（服务对象）
   C. 员工之前的单位
   D. 网络
7. 绩效考核的程序依次是（　　）。
   a. 确定考核周期　　b. 编制工作计划　　c. 调控考核过程　　d. 校正量效化指标
   e. 考核结果运用　　f. 验收工作成效
   A. abdcfe　　　　B. abcdef　　　　C. acdebf　　　　D. aecdfb
8. 激励机制是指在组织系统中，激励主体通过激励手段或激励因素与激励客体之间发生相互作用的关系的总和，包括（　　）、激励频率和激励程度。
   A. 激励时间　　　B. 激励时机　　　C. 激励成员　　　D. 激励方法
9. 物质激励包括合理的薪资标准、合理的福利待遇、（　　）和合理的考核机制。
   A. 参与程度　　　　　　　　　B. 合理的晋升机制
   C. 文化激励　　　　　　　　　D. 荣誉激励
10. 激励机制的运行起点是（　　）。
    A. 员工的需求　　B. 企业的需求　　C. 绩效考核　　D. 考核结果

二、多项选择题

1. 精神激励包括（　　）。
   A. 文化激励　　　B. 荣誉激励　　　C. 薪酬激励
   D. 沟通激励　　　E. 目标激励
2. 绩效考核须遵循的原则有（　　）。
   A. 公平公正原则　B. 客观准确原则　C. 多元化原则
   D. 可行性原则　　E. 实用性原则
3. 绩效考核中的相对评价法包括（　　）。
   A. 序列比较法　　B. 相对比较法　　C. 360 度绩效考核
   D. KPI 考核　　　E. 强制分步法
4. 绩效考核内容主要包括（　　）等方面。
   A. 德　　　　　　B. 能　　　　　　C. 勤
   D. 绩　　　　　　E. 才
5. 绩效考核按标准划分为（　　）。
   A. 直接考核　　　B. 间接考核　　　C. 绝对标准考核
   D. 相对标准考核　E. 口头考核
6. 非经济性激励法具体包括（　　）。
   A. 工作激励　　　B. 培训和发展机会激励　　C. 示范激励
   D. 荣誉激励　　　E. 工作环境激励

三、名词解释

1. 绩效考核
2. 激励

四、简答题

1. 激励时需要注意什么？
2. 外激励是什么？
3. 激励的作用是什么？
4. 什么是绩效的多维性？
5. 绩效考核按性质可以划分为哪些考核？
6. 绩效考核的内容是什么？

五、论述题

1. 试述绩效考核的作用。
2. 试述目标管理法的基本内容。
3. 试述激励时机的三种形式。

参 考 答 案

一、单项选择题

1. D　　2. C　　3. C　　4. D　　5. A
6. B　　7. A　　8. B　　9. B　　10. A

二、多项选择题

1. ABDE　　2. ABCDE　　3. ABE　　4. ABCD　　5. CD
6. ABDE

三、名词解释

1. 绩效考核是指组织根据法定的管理权限，按照一定的原则、程序和绩效标准，对所属员工的工作数量、工作质量、工作效益、工作能力、工作态度、行为能力等情况进行系统的考核，并以此作为对员工进行职位晋升、薪酬调整、培训、辞退等一系列奖惩的客观依据。组织进行绩效考核的最终目的是确认员工的工作成绩并以此为依据对员工进行奖惩、改进员工的工作方式、提高组织工作效率和经营效益。

2. 激励就是在外部某种刺激因素的影响下，使人产生一股内在动力朝所期望的目标追求、奋斗的心理活动过程。

四、简答题

1. 激励时应注意如下几个方面的问题。

（1）激励的出发点是满足组织成员的各种需要，即通过系统地设计适当的外部奖酬形式和工作环境，来满足组织员工的外在性需要和内在性需要。

（2）科学的激励工作需要同时注重奖励和惩罚，既要对员工表现出来的符合组织期望的行为进行奖励，又要对不符合组织期望的行为进行惩罚。

（3）激励应该贯穿于组织员工工作的全过程，包括对员工个人需要的了解、个性的把握、行为过程的控制和行为后果的评价等。

（4）信息沟通应该贯穿于激励工作的始末，从对激励制度的宣传、对组织员工的了解、到对员工行为过程的控制和对员工行为后果的评价等，都依赖于一定的信息沟通。另外，组织中信息沟通是否畅通，是否及时、准确、全面，直接影响着激励制度的运用效果和激励工作的成本。

（5）激励的最终目的是在实现组织预期目标的同时，也能让组织成员实现其个人目标，即达到组织目标和员工个人目标在客观上的统一。

2. 外激励，是指由外酬引发的、与工作任务本身无直接关系的激励。外酬是指工作任务完成之后或在工作场所以外所获得的满足感，它与工作任务不是同步的。如果一个人欣然从事一项又脏又累、枯燥无味、别人都不愿干的工作时，或当别人都已下班回家，只有他甘愿留下来加班时，他所得到的激励可能多源于外酬的刺激，即他之所以留下来，纯粹是为了赶完这些任务后，将会得到一定的外酬（加班费）、奖金及其他额外补贴，他对完成任务的态度只能是例行公事，一旦外酬消失，积极性也就荡然无存。所以说，由外酬引发的外激励是难以持久的。

3. 激励的作用有三个：①激励的目标导向性功能；②激励立足于人力资本的同时激发了员工的工作动力。③激励促进各部门的协调统一，构建凝聚型组织。

4. 绩效的多维性是指从事不同类型劳动的员工，其绩效的表现形式是不一样的。比如生产性工作的绩效可以很明确地进行量化，但非生产性工作的绩效却较难用简单的数量测量，需要更多的主观判断。绩效的多维性决定了组织在进行绩效考核时，必须充分考虑不同岗位工作职能的特点，从多维度评价员工的绩效。

5.（1）定性考核。定性考核是对员工工作绩效进行质的评估，具体而言就是考核者在观察和征询意见后对员工绩效做出一个大致的判断。定性考核最大的优点是简单易行，但由于这种考核一般建立在考核者对被考核者的印象和经验的基础上，它的缺点也非常明显，极易受考核者主观因素和其他外部因素的影响和干扰。

（2）定量考核。定量考核不仅对员工工作绩效进行质的评估，而且进一步按照标准化、系统化的指标体系对绩效进行量的确定和鉴别。定量考核是在绩效测量模型的基础上，充分运用统计学和数学的方法，对员工工作信息进行整理和分析，得到员工的绩效考核结果。这种考核方法最大的优点是客观公正、随意性小、不易受到人为因素的影响、被考核者认可率较高，但其缺点是由于现实工作中，并非所有工作信息都可以量化，当遇到一些难以量化的工作时，这种考核就基本不能使用，所以定量考核的适用范围相对较小。

6. 根据《中华人民共和国公务员法》、《公务员考核规定（试行）》及相关政策规定，我国对公务员和事业单位员工进行的绩效考核主要包括"德、能、勤、绩、廉"等五个方面。

（1）德是指思想政治素质及个人品德、职业道德、社会公德等方面的表现。

（2）能是指履行职责的业务素质和能力。

（3）勤是指责任心、工作态度、工作作风等方面的表现。

（4）绩是指完成工作的数量、质量、效率和所产生的效益。

（5）廉是指工作的道德操守。

五、论述题

1. 绩效考核在组织管理中具有的作用包括如下几个方面。

（1）绩效考核为员工的任用、调动和升降提供了依据。一方面，通过绩效考核，组织可以对每一个员工的基本情况进行评估，充分了解每一个员工的长处和短处，从而将员工分派到最合适的岗位上，实现效率最大化的人岗匹配。另一方面，绩效考核呈现了员工一系列的工作信息，包括工作技能、工作态度和工作成就等，组织依据这些信息，对员工进行晋升、降职、轮换、调动等人力资源管理工作，实现人力资源的最优配置。

（2）绩效考核为组织确定合理的薪酬提供了依据。市场经济要求薪酬分配必须遵守效率原则。因此，组织应当对每一个员工的工作成果进行准确的评价，并以此为依据制定员工的报酬，实现奖励先进、督促中间、惩罚落后的科学薪酬机制，增强员工的公平感和成就感，充分调动员工的积极性和创造性。

（3）绩效考核为员工的培训和开发提供了依据。对员工的培训和开发是组织的至关重要的一项人力资源管理活动。绩效考核提供了每个员工的工作信息，组织可以依据这些信息，有针对性地开展员工培训与开发活动，达到弥补员工能力短板、增强员工优势的培训效果。

（4）绩效考核为组织在变革和发展中提供了决策依据。通过绩效考核，深入地了解组织各种职能部门的情况和存在问题，这些信息不仅是组织做出相关决策的依据，而且还是监督检查组织决策执行效果的依据。

2. 目标管理法是通过将组织的整体目标逐级分解直至个人目标，最后根据被考核员工实现工作目标的情况来进行考核的一种绩效考核方式。在开始工作之前，组织和被考核员工应该对需要完成的工作内容、时间期限、考核的标准达成一致；在时间期限结束时，组织根据被考核员工的工作状况及原先制定的考核标准来进行考核。

3. 组织需要根据工作的业务性质、复杂程度和完成周期的长度，进行具体分析，确定激励时机。一般来说，激励时机可以分为期前、期中和期末三种形式。

（1）期前激励。期前激励是在工作开始之前，公布任务指标和相应的奖惩措施，对员工进行激励。通常，这种激励形式主要适用于工作周期长、任务比较明确的项目。其优点是能够使员工的积极性和工作计划安排挂钩，使他们能够树立明确的奋斗目标，但其缺点是缺少反馈调节。

（2）期中激励。期中激励是指在工作任务进行过程中，分阶段规定任务及相应奖惩措施。它主要是用于工作内容庞杂、需要分阶段完成的任务。其优点在于体现了及时性原则，针对性较强，缺点在于缺乏整体性。

（3）期末激励。期末激励是指待工作任务完成之后，才在对前面工作进行总结的基础上对员工进行激励。它主要适用于任务复杂，开始时难以确定任务指标的项目。其优点在于有一定的反馈调节，能使激励更为准确；缺点是缺乏时效性，容易影响激励效果。

在实践过程中，组织应该综合运用这三种激励，灵活调整激励时机，使它们能相互补充，获得最好的激励效果。

第9章 薪酬管理

考核内容

掌握薪酬的内涵、构成和作用,清楚薪酬设计的原则;理解工资的内涵,了解常见的工资决定理论,掌握现行的工资制度内容,了解工资制度的改革历史;理解福利的内涵,清楚福利制度的设计原则,掌握现行的福利制度内容,了解当前福利制度的不足及改革重点;掌握社会保险的内涵及基本内容。

薪酬管理主要包括工资、福利和社会保险，它对于组织激励、牵引、约束和发展都有非常重要的影响，是组织人事管理最核心的一环。

一、薪酬的内涵及构成

薪酬是指组织对员工在不同的工作岗位上付出的劳动给予的各种形式的回报的总和。

薪酬的构成：外在薪酬和内在薪酬，基本薪酬和辅助薪酬（绩效薪酬、成就薪酬）。

二、薪酬的作用

薪酬的作用：①补偿功能；②激励功能；③配置功能；④效益功能。

三、薪酬设计的原则

组织在设计薪酬制度时，一般需要遵循法律保障原则、同工同酬原则、平衡比较原则、正常增薪原则和补偿通货膨胀原则等。

四、工资内涵及决定理论

工资实质是员工为组织目标的实现付出了劳动因而从组织中获得的货币报酬，也就是通常所说的最狭义的薪酬。

常见的工资决定理论有马克思工资理论、生存工资理论、边际生产力工资理论、供需均衡工资理论、分享工资理论、集体谈判工资理论。

五、工资制度

工资制度是根据国家法律规定和政策制定的，是与工资的制定与分配相关的一系列准则、标准、规定和方法的总和。目前，我国员工的工资制度主要是职级工资制。所谓职级工资制也称为级别工资制，是指主要根据员工的职务、级别、工龄和实际工作贡献等确定工资标准的工资制度。

根据《国家公务员暂行条例》，职级工资制根据不同的职能，将员工的基本工资划分为职务工资、级别工资、基础工资和工龄工资四个部分，其中，职务工资和级别工资是职级工资制的主体。

2006年，《中华人民共和国公务员法》正式实行，再次对我国公务员的工资制度进行深化改革，制定了新的职级工资制度，重新调整了员工工资总量的各种成分及其在工资总量中所占比重，规定员工工资主要由基本工资、奖金、津贴和补贴组成，更好地体现了按劳分配的原则，实现了对员工的有效激励。

另外，现行工资制度主要针对的是组织行政部门的员工，但对于组织事业部门，尤其是专业技术人员和工人，现行工资制度的设计是不够的，因此，需要设计专业技术职务等级工资制度和技术等级工资制度。专业技术职务等级工资制度将专业技术人员的工资总量分成专业技术职务工资和津贴。技术等级工资制度规定，工人工资由技术等级工资和岗位津贴构成。

六、工资制度的历史改革

新中国成立以来，我国的工资制度经历了四次比较重要的改革，分别是 1956 年工资制度改革、1985 年工资制度改革、1993 年工资制度改革、2006 年工资制度改革。

七、福利的内涵

福利制度是指在员工基本工资的基础上，为了解决员工工作和生活方面的共同需求和某些特殊需求，组织给予员工经济上的帮助和生活方面的补偿照顾制度，是员工薪酬制度和保障制度的重要组成部分。

八、福利制度设计的原则

组织在设计员工福利制度时，应该遵循福利与经济社会发展相适应原则、福利要与组织经济承受能力相适应原则及工资福利比例适当原则。

九、福利的内容

常见的福利内容包括工时制度、福利费制度、节假制度、探亲制度、年休假制度、婚丧假制度、产假制度、冬暖补贴、交通补贴和集体生活福利设施。

十、现行福利制度存在的问题及其改革

现行福利制度存在的问题如下：福利制度在公务员薪酬体系中定位不准确、举办集体福利设施的主体定位不准确、福利制度衍生的隐性腐败。

福利制度改革的重点如下：实行福利货币化改革、员工福利社会化、内外监控相协调，实现福利制度阳光化。

十一、社会保险的内涵

社会保险指的是政府通过法律法规的形式，为劳动者提供养老、医疗、失业、工伤及生育等保险待遇，以保障其在遭遇上述风险时的基本生活条件，从而维护社会稳定的制度与措施。

社会保险具有强制性、保障性、互济性和差别性。

十二、社会保险的内容

社会保险的内容包括养老保险、医疗保险、失业保险、工伤保险和生育保险等五个保险项目，即人们经常说的"五险"。

养老保险是国家和社会根据一定的法律和法规，由政府主管部门负责组织和管理，组织和在职员工共同承担养老保险费的缴纳义务，保障员工在达到国家规定的解除劳动义务的劳动年龄界限或因年老丧失劳动能力而退出劳动岗位后的基本生活而建立的一种社会保险制度。

医疗保险是指劳动者因疾病、负伤或生育需要治疗时由国家或组织为其提供经济补贴和

医疗服务保障的一种社会保险制度。

失业保险是指依据国家法规，通过国家、单位和个人等渠道筹资建立的失业保险基金，在劳动者失业时给予失业救济以保障其最基本生活需要的社会保障制度。

工伤保险是指劳动者因生产或工作发生受伤、残疾、职业病或死亡，本人及其家属丧失收入来源，生活无保障时，从组织或国家获得必要的物质帮助的一种社会保险制度。

生育保险是指妇女劳动者因生育而暂时丧失劳动能力时，从社会获得必要物质帮助的一种保险制度。

重点和难点

本章重点是薪酬的构成、薪酬制度设计原则、工资制度、福利制度和社会保险。难点是工资、福利和社会保险的具体内容。

同步综合练习题

一、单项选择题

1. 货币薪酬包括基本工资、（　　）、津贴和股票期权等。
   A. 加班工资　　B. 培训机会　　C. 员工福利　　D. 社会保险
2. 下列不是薪酬功能的是（　　）。
   A. 补偿功能　　B. 激励功能　　C. 配置功能　　D. 惩罚功能
3. 下列不是薪酬制度设计应该遵循的原则的是（　　）。
   A. 法律保障原则　　　　　　　B. 同工同酬原则
   C. 控制成本原则　　　　　　　D. 平衡比较原则
4. 工资属于（　　）。
   A. 货币报酬　　B. 内在报酬　　C. 非货币报酬　　D. 辅助薪酬
5. 职级工资制根据不同的职能,将员工的基本工资划分为职务工资、（　　）、基础工资和工龄工资四个部分。
   A. 岗位工资　　B. 级别工资　　C. 津贴　　　　D. 社会保险
6. 新中国成立以来,我国的工资制度经历了（　　）次比较重要的改革。
   A. 1　　　　　B. 2　　　　　C. 3　　　　　D. 4
7. 福利制度设计的原则不包括（　　）。
   A. 福利与经济社会发展相适应原则
   B. 福利要与组织经济承受能力相适应原则
   C. 工资福利比例适当原则
   D. 补偿原则
8. 员工食堂属于（　　）。
   A. 生活福利设施　B. 社会文化设施　C. 员工住宅设施　D. 福利费制度
9. 目前我国的社会保险包括（　　）项保险项目。
   A. 5　　　　　B. 4　　　　　C. 3　　　　　D. 2
10. 社会保险的特点不包括（　　）。
    A. 保障性　　　B. 强制性　　　C. 免费性　　　D. 互济性

二、多项选择题

1. 辅助薪酬由（　　）组成。
   A. 工资　　　　B. 社会保险　　C. 福利
   D. 绩效薪酬　　E. 成就薪酬
2. 职级工资制适用于下列哪些工作人员（　　）。
   A. 各级党政机关、人大、政协、法院、检察院、民主党派
   B. 行使国家行政职能、从事行政管理活动并实行国家公务员制度或参照国家公务员制度管理、使用事业编制的单位

C. 参照国家公务员制度管理的群众团体组织，如工会、共青团、妇联等，受行政机关委托、承担行政职能并使用行政编制的社会团体组织

D. 私营企业员工

E. 外企员工

3. 2006年，《中华人民共和国公务员法》规定员工工资主要由（　　）组成。

  A. 基本工资 B. 奖金 C. 津贴

  D. 社会保险 E. 补贴

4. 下列内容属于福利的是（　　）。

  A. 交通补贴 B. 年假制度 C. 婚丧假制度

  D. 工时制度 E. 福利费制度

5. 社会保险包括（　　）。

  A. 养老保险 B. 住房公积金 C. 医疗保险

  D. 生育保险 E. 工伤保险

6. 工资与福利的不同表现为（　　）。

  A. 在薪酬中的地位不同 B. 给付的依据不同

  C. 给付形式不同 D. 保障水平不同

  E. 给付的时间不同

三、名词解释

1. 薪酬
2. 工资

四、简答题

1. 薪酬为什么具有补偿功能？
2. 现行工资制度中怎样规定基本工资？
3. 福利水平为什么要与经济社会发展相适应？
4. 什么是探亲制度？
5. 集体生活福利设施包括哪些内容？
6. 什么是工伤保险？

五、论述题

1. 试述工资与福利的不同。
2. 试述医疗保险的主要内容。
3. 试述薪酬按功能分类的主要内容。

参 考 答 案

一、单项选择题

1. A   2. D   3. C   4. A   5. B
6. D   7. D   8. A   9. A   10. C

二、多项选择题

1. DE   2. ABC   3. ABCE   4. ABCDE   5. ACDE
6. ABCD

三、名词解释

1. 薪酬是指组织对员工在不同的工作岗位上付出的劳动给予的各种形式的回报的总和。

2. 工资是员工为组织目标的实现付出了劳动因而从组织中获得的货币报酬，也就是通常所说的最狭义的薪酬。

四、简答题

1. 薪酬具有补偿功能的原因在于如下三个方面。

（1）员工在为组织目标工作的过程中必须消耗一定的体力和脑力，因此员工只有得到相应的补偿，才能保证工作的效率，保证工作的顺利进行。

（2）随着知识时代的到来，为了更好地完成工作，员工需要进行自身的教育培训，不断学习，适应知识的快速更新。而这部分投资也必须得到补偿，否则员工将不再愿意对人力资本进行投资，员工的素质和组织的工作效率也因此无法得到有效的提高，严重影响了对组织目标的实现和组织竞争力的提升。

（3）员工还承担着一定的家庭责任和社会责任，这些都需要员工通过努力工作来获得足够的物质报酬，才能更好地维持整个家庭物质和文化生活的需要。

2. 基本工资的主要职能是满足员工本人及其家庭基本生活费。基本工资标准的制定主要依据全国城镇居民的生活费用，并且定期根据物价上涨指数而进行调整。

《中华人民共和国公务员法》第七十三条规定"公务员实行国家统一的职务与级别相结合的工资制度"，因此员工的基本工资中不再包含工龄工资和基础工资，主要由职务工资和级别工资组成。虽然同一职务层次的员工执行相同的基本工资，但不同级别的员工基本工资不同，也即员工的资历和能力依然会影响基本工资，这是因为不同级别基本工资不同，员工即使不能提升职务也可以通过晋升级别提高工资待遇，使得工资激励作用充分发挥。

3. 福利要与经济社会发展水平相协调相适应的具体原因有以下几点。

（1）福利待遇过高会导致财政负荷严重，因为福利具有刚性的特征，"只升不降"，最终可能导致财政赤字，会入不敷出。虽然通过提高税收等方式可以增加福利资金来源，然而民众身上的负担不可小视，随时可能激化社会矛盾。

（2）福利待遇过高的话会导致处于核心地位的激励功用锐减或者失效，甚至产生"福利陷阱""主动失业"等消极现象。福利待遇过高将导致员工失去通过劳动获取合法报酬的动力，出现动力不足现象。

（3）不管是有形的实物和货币福利还是无形的社会公益服务福利，超过了社会经济发展水平的增长速度，都会对经济发展起到逆向的反冲击作用，这一情况在通货膨胀率较高的时期更为明显，甚至会对整个宏观发展环境形成难以估量的阻力。

因此，一个国家福利制度的设计必须要以该国经济的增长速度为主要参考依据，福利待遇水平与国家财政收入和相关公共支出的比例相适应，并随着经济发展和国家财力的增长而逐步提高，建立收入和支出的动态协调机制，在最大范围内努力地改善员工的工作生活条件和提高生活质量，从而为社会发展和人民的各项需求提供更高效、更优质的社会行政服务。

4. 探亲制度是组织为了解决员工与分居两地的父母、配偶等亲属团聚问题而建立的福利制度，包括享受探亲假的条件、探亲假期和假期待遇三方面的内容。享受探亲假必须具备以下条件。

（1）主体标准，只有在国家行政机关、国家企事业单位与人民团体从业的员工才能享受探亲假待遇。

（2）时间条件，工作满一年。

（3）事由条件，一是与自己配偶两地分居，公休假日不能团聚的，即可成为探望自己配偶待遇的享受者；二是与自己父母两地分居，公休假日不能团聚的，即可成为探望自己父母待遇的享受者。《国务院关于职工探亲待遇的规定》第五条中明确规定，员工在规定的路程假期与探亲假期内，所在单位按照本人的标准工资发给工资并报销往返路费。另外，在探亲时间方面，未婚员工探望父母，原则上每年给假一次，假期20天；已婚员工探望配偶，每年给予探亲假一次，假期30天。

5. 单位集体生活福利设施是指组织为了满足员工的共同需要，尽可能减轻员工的家务劳动负担，并提高员工的身体和文化素质，方便员工的生活而筹资建立的福利设施，主要包括如下内容。

（1）生活福利设施，包括员工食堂、员工集体宿舍、低房租住房、托儿所、幼儿园、浴室、理发室、休息室等。这些生活福利设施的建立是为了满足员工的共同需要，为员工的生活创造便利条件。

（2）社会文化设施，包括文化宫、俱乐部、体育场、健身室、游泳池、图书馆等，这些社会文化设施的建设是为了满足员工的文化生活需要，提高其身体和文化素质，促进其身心健康成长。

（3）员工住宅等设施。住宅设施是保障员工稳定工作的基本物质条件，组织为满足员工的基本生活需要而有必要提供相应的住宅设施或福利补贴。

6. 工伤保险是指劳动者因生产或工作发生受伤、残疾、职业病或死亡，本人及其家属丧失收入来源，生活无保障时，从组织或国家获得必要的物质帮助的一种社会保险制度。它是国家为了保障劳动者在工作中遭受事故伤害和患职业病后获得医疗救治、经济补偿、促进工伤预防和职业康复、分散工伤风险的一种社会保障手段。

五、论述题

1. 虽然工资和福利都是员工薪酬的组成部分，但二者存在一些差别，主要表现在以下几个方面。

（1）在薪酬中的地位不同。工资属于货币薪酬，在薪酬中是主体，是薪酬的基本形式，而福利属于非货币薪酬，在薪酬中处于补充地位。

（2）给付的依据不同。工资遵循的是按劳分配原则，是绩效考核的结果，但福利一般与工作时间或工作贡献大小的关联性不大，通常只要是组织的成员都可以均等地获得组织提供的福利，因此福利具有普惠性。

（3）给付形式不同。一般来讲，工资都是以货币形式给付的，福利的形式则有很多，既可以是货币，也可以是实物或者服务。

（4）保障水平不同。工资是为了保障员工基本的生活水平，福利则更注重改善和提高员工的生活水平。

2. 目前，按照《国务院关于建立城镇职工基本医疗保险制度的决定》，我国医疗保险制度的基本内容主要包括六个方面。

（1）建立合理负担的共同缴费机制。基本医疗保险费由用人单位和个人共同缴纳，体现国家社会保险的强制特征和权利与义务的统一。医疗保险费由单位和个人共同缴纳，不仅可以扩大医疗保险资金的来源，更重要的是明确了组织和员工的责任，增强个人自我保障意识。

（2）建立统筹基金与个人账户。基本医疗保险基金由社会统筹使用的统筹基金和个人专项使用的个人账户基金组成。员工缴费全部划入个人账户，单位缴费按30%左右划入个人账户，其余部分建立统筹基金。个人账户专项用于本人医疗费用支出，可以结转使用和继承，个人账户的本金和利息归个人所有。

（3）建立统账分开、范围明确的支付机制。统筹基金和个人账户确定各自的支付范围，统筹基金主要支付大额和住院医疗费用，个人账户主要支付小额和门诊医疗费用。统筹基金要按照"以收定支、收支平衡"的原则，根据各地的实际情况和基金的承受能力，确定起付标准和最高支付限额。

（4）建立有效制约的医疗服务管理机制。基本医疗保险支付范围仅限于规定的基本医疗保险药品目录、诊疗项目和医疗服务设施标准内的医疗费用；对提供基本医疗保险服务的医疗机构和药店实行定点管理；社会保险经办机构与基本医疗保险服务机构（定点医疗机构和定点零售药店）要按协议规定的结算办法进行费用结算。

（5）建立统一的社会化管理体制。基本医疗保险实行一定统筹层次的社会经办，原则上以地级以上行政区（包括地、市、州、盟）为统筹单位，也可以县为统筹单位，由统筹地区的社会保险经办机构负责基金的统一征缴、使用和管理，保证基金的足额征缴、合理使用和及时支付。

（6）建立完善有效的监管机制。基本医疗保险基金实行财政专户管理；社会保险经办机构要建立健全规章制度；统筹地区要设立基本医疗保险社会监督组织，加强社会监督。要进一步建立健全基金的预决算制度、财务会计制度和社会保险经办机构内部审计制度。

3. 按照薪酬的功能，可以将薪酬划分为基本薪酬和辅助薪酬两部分。

基本薪酬是根据员工所具备的完成工作的技能和员工所承担、完成的工作本身向员工的支付的稳定性报酬，它是员工收入的主要部分，也是计算其他薪酬性收入的基础。具体而言，基本薪酬的确立受到工作因素和员工素质的影响，其中，工作因素包括工作的复杂程度、工作责任的大小、工作环境、不同工作在国民经济中的地位及完成工作需要的劳动强度，员工素质包括员工的劳动熟练程度、年龄、学历、资历等。

辅助薪酬是指基本薪酬以外的各种工作报酬，它一般都是基于基本薪酬计算得到，通常由绩效薪酬和成就薪酬组成。绩效薪酬是对员工超额工作部分或工作绩效突出部分所支付的奖励性报酬，旨在鼓励员工提高工作效率和工作质量。它是对员工过去工作行为和已取得成就的认可，通常随着员工业绩的变化而调整，其中包括"绩效加薪"、"一次性奖金"和"个人特别绩效奖"三种比较常用的形式。

成就薪酬是指员工在较长时间内在组织工作中卓有成效，为组织做出重大贡献后，组织以提高基本薪酬的形式支付的报酬。这里需要强调的是，成就薪酬与绩效薪酬并非一致，相同之处在于两者都基于员工对组织目标的完成做出了贡献和业绩，不同之处在于：绩效薪酬是基于员工短期的工作绩效而对员工进行的一次性奖励，也就是说，如果员工下一次的工作绩效没有突出表现，那么组织就不会对他支付绩效薪酬。因此，绩效薪酬具有非常明显的一次性。但是成就薪酬是组织综合考虑员工在过去一段较长时间里所取得的工作绩效后，提高员工的基本薪酬，相对于绩效薪酬，成就薪酬的奖励是永久性的，也就是说，如果员工下一次工作没有突出表现，虽然他的绩效薪酬会消失，但他的成就薪酬却一直存在。另外，成就薪酬通常建立在多次绩效薪酬的基础上。不管是绩效薪酬还是成就薪酬，由于它们基于员工工作绩效，所以，都能有效地激励员工。

第10章 人事监察管理

考核内容

了解我国古代人事监察制度的历史沿革、现代中国人事监察制度的发展历程;掌握人事监察的概念、特征、职能、方法;掌握我国古代人事监察制度的特征;掌握西方人事监察制度的主要机制和特征;掌握我国现行人事监察制度与改革。

本章阐述了人事监察管理的基本知识、中西方国家人事监察管理制度。重点介绍人事监察的概念、特征、方法，我国古代人事监察制度的历史沿革和特征，西方国家人事监察制度的主要机制及特征，以及我国现行的人事监察制度及相关思考。

一、监察的含义

监察是指监察部门对组织机构及其任职人员是否合法合理地履行职责，进行弹劾、惩戒、纠正和监督。

二、人事监察的概念与特征

（一）人事监察的概念

人事监察，是人事管理工作的重要组成部分。就是监察主体通过认可的方式，对组织机构及其任职人员履行岗位职责时的行为的合法性和合理性进行综合管理的过程，也包括在人事任命、选聘、考核、培训、交流、退休、薪酬待遇等各人事管理环节，对相关行为的合理合法性的管理过程。

（二）人事监察的特征

（1）主体特定性。
（2）对象特定性。
（3）客体特定性。
（4）内容综合性。

三、人事监察的职能

（1）预防功能。
（2）惩戒功能。
（3）纠正功能。
（4）制约功能。
（5）救济功能。

四、人事监察的方法

（1）按监察的时间顺序分为事前监察、日常监察和事后监察。
（2）按监察的范围分为一般监察和专门监察。
（3）监察参与主体分为独立监察和共同监察。

五、人事监察程序

（1）制订监察计划。
（2）观察和检查。
（3）分析和评价。
（4）纠正和总结。

六、建立科学的人事监察制度的作用

（1）科学的人事监察制度是保障人事部门和各级国家机关、事业、企业单位的人事管理机构或专职人员贯彻执行国家法律、法规和政策的重要手段。

（2）科学的人事监察制度是克服官僚主义、改进工作、提高效能的有力措施。

（3）科学的人事监察制度有助于严肃政纪、消除人事管理中的腐败因素和腐败分子，也有助于加强廉政教育、开展遵纪守法活动。

七、中国古代人事监察制度发展的历史阶段

中国古代监察制度萌芽于夏商周时期，确立于秦汉时期，完备于隋唐宋时期，加强于明清时期。

（1）监察制度形成阶段——秦汉时期。

（2）监察制度发展阶段——魏晋南北朝时期。

（3）监察制度的成熟阶段——隋唐时期。

（4）监察制度强阶段——宋元时期。

（5）监察制度高度完备阶段——明清时期。

八、中国古代监察制度的运行机制和方式

（一）运用审核文书方式的决策施政程序监督

（1）受公卿奏事，举劾案章。

（2）封驳制度。

（3）文册申报备案稽考制度。

（4）注销制度。

（5）照刷文卷。

（二）出使地方的巡察监督

综观历代监察官的巡察方式可分为定期和不定期两种。

定期巡察是中央对地方的一种经常性的巡回监察，它按规定时间定期巡察地方，监察官吏。定期巡察制度，一般实行分工定点巡视。

不定期巡察，一般是皇帝根据形势需要，临时选派政府大员带敕巡视地方，事毕即归朝复职，任期也不长，并不固定巡察时间。

（三）亲临现场督察的随事监检

（1）监朝仪和祭礼。

（2）监试。

（3）监决。

（4）监视钱谷出纳。

（5）监军。

（四）采用参政方式的实时监督

（1）知政。
（2）议政。
（3）参政。

（五）受理检举申诉的事后监督

（1）设登闻鼓、立肺石，提供直诉途径。
（2）设匦以受四方之书。
（3）直接受理检举上诉状。

九、中国古代监察机关的职权

中国古代监察制度兼有治官、监督、制衡、检察、弹劾、惩戒和教育之效能，充分体现了监督之意。为此，监察机关履行的职权大体包括谏诤权、封驳权、检查权、弹劾权、纠举权、司法权、建议纠正政事权、审计权、监察礼仪权、处置权。此外，还有监试权、监军权、调查权、考察与举荐官吏权。其权力广泛，为世界监察史所罕有。

十、中国古代监察官的选任

（一）监察官选任的方式

从秦朝到魏晋南北朝，御史大夫或御史中丞都是由皇帝直接任命的。
唐宋时期对御史的选任有御史自荐或宰相奏荐、皇帝亲择等几种方式。
元代规定的御史台自选台官，摆脱了相权的控制。
明清时，主要采用考选制，对监察官的选任有了更统一的标准和严格的程序。

（二）对监察官的要求

监察官必须有渊博的知识，有刚正不阿的品质，有高度的社会责任感和临大节不动摇的坚强意志，有丰富的实践经验。

（三）回避制度

自北魏开始，就有规定，士族子弟不得任监察官。
宋朝规定，凡宰执所荐之人，以及宰执子弟、亲戚和属官，一概不得充任台官。
清朝时规定，三品以上的京官和外任督府以上子弟不得充选科道官。

（四）考核与升迁

考核严格，升迁极快，如汉代品秩为六百石的刺史如果成功地弹劾了两千石的郡国长官，自己便可取而代之。唐代，一般官员须经四考之后才能迁转他官，而御史经过三考即可升迁。

十一、中国古代监察制度的借鉴意义

（1）监察官低配高用，地位尊崇，权力显赫。
（2）强有力的职权是监察职能作用得以充分发挥的保障。
（3）监察机关垂直的领导体制为监察职权的发挥减少障碍。
（4）监察制度为历朝历代所重视。

十二、西方人事监察制度的主要形式

（1）议会议员监察制度。
（2）监察专员制度。
（3）司法监察制度。
（4）行政司法制度。
（5）组织人事监察。

十三、英国的人事监察制度

（一）惩戒机关

（1）文官委员会。
（2）惠特利委员会。
（3）劳动仲裁法院（特指文官特别庭）。
（4）行政司法机构。
（5）普通法院。

（二）惩戒事由

（1）文官必须忠于国家，并宣誓严守国家机密法。
（2）保持政治中立，不得参加政治活动。
（3）文官必须廉洁奉公，严禁利用职权谋取个人私利。禁止经商或从事与本部门业务有关的任何营利性事业。
（4）文官应勤恳工作，对渎职、玩忽职守而对国家造成损害者，予以重惩。
（5）严禁参与赌博、欺诈和其他的不正当活动。
（6）文官必须遵守工作纪律，如不经请假而不上班，经常迟到或在办公室内虚耗时间，不注意遗失公物三次以上，不服从命令，工作时间醉酒等，都要受到惩处。

另外，服务成绩低劣，即考绩成绩不佳，也将被惩处。

（三）惩处的种类

文官因以上事由受惩处时，按情节轻重有申戒、停薪或减薪、罚金、调职、停职、降职、提前退休、免职等处罚。

（四）惩戒程序

（1）通知。
（2）答辩。

十四、美国的人事监察制度

（一）惩戒机关

（1）人事局。
（2）功绩制保护委员会。
（3）监察长制度。
（4）独立检察官制度。
（5）联邦劳工关系局。
（6）政府道德署制度。

（二）惩戒事由

以权谋私、偏袒包庇、妨碍政府效率及经济运转、丧失独立与公正的判断能力、在官方渠道以外决定政府事宜、破坏公众对政府廉洁的信任、利用关系同私营企业相互勾结，以不正当手段牟利。

十五、西方国家人事监察制度的基本特点

（1）监察机构独立性强。
（2）法制体系完善细致。①监察法律法规互相协调配合，形成严密的体系；②对监察对象行为规范的规定详细、具体，可操作性强。
（3）惩罚措施坚强有力。

十六、我国现行人事监察制度的沿革

（1）我国人事监察制度创立时期（1949～1953年）。
（2）我国人事监察制度的发展时期（1955～1958年）。
（3）我国人事监察制度遭受挫折时期（1959～1978年）。
（4）我国行政监察制度恢复和健全发展时期（1979年至今）。

十七、我国现行人事监察机构的构成

（1）党的纪律检查委员会。
（2）行政监察机关。
（3）审计机关。
（4）检察院。
（5）组织人事机关。

十八、完善我国人事监察机制的思考

（一）统一职权

监察机关应包含以下几种职权：弹劾权、惩戒权、纠正权、审计权、侦查权、公诉权等。

（二）健全人事监察机制

（1）预防性监察机制。
（2）常规性监察机制。
（3）惩戒性监察机制。
（4）权力制约权力的监察机制。
（5）法律监察机制。
（6）全过程监察机制。

（三）增强监察制度的独立性

监察制度的独立性是指监察部门依照法律规定独立行使监察权，对其他组织机构及其任职人员进行监督。监察机关独立于其他政治机关，不受司法机关、行政机关、社会团体和个人的干涉。

（四）设立人事监察专员制度

在我国推行人事监察专员制度，要充分考虑本土环境，取其精华，去其糟粕，最大限度地使用其制度优势来填补我国在人事监察方面的不足。建议人事监察专员拥有独立的调查权、建言权。

重点和难点

本章重点包括人事监察概念、特征，中国古代人事监察制度的特征，西方人事监察的特征。难点是完善我国人事监察机制的思考。

同步综合练习题

一、单项选择题

1. 人事监察的（　　），是指及时制止、纠正已经出现的不当行为，使其终止而不再继续的功能。
    A. 纠正功能　　　　　　　　B. 制约功能
    C. 救济功能　　　　　　　　D. 惩戒功能

2. 设立专门的人事监察机构，并独立地行使监察职权，这是人事监察的（　　）。
    A. 内容综合性　　　　　　　B. 客体特定性
    C. 对象特定性　　　　　　　D. 主体特定性

3. 人事监察的客体为（　　）。
    A. 组织机构中的组织权力　　B. 事务懈怠
    C. 严格遵守组织纪律规范　　D. 为实现组织目标而行使的职权和履行职责的行为

4. 在执行决策过程中，为了防止随时可能出现的偏离和偏差、考核计划实施情况而进行的监察，称为（　　）。
    A. 事前监察　　　　　　　　B. 日常监察
    C. 事后监察　　　　　　　　D. 专门监察

5. 首开"台谏合一"先河的时期是（　　）。
    A. 魏晋南北朝时期　　　　　B. 宋元时期
    C. 明清时期　　　　　　　　D. 隋唐时期

6. 实行地方分区监察和中央按系统监察相结合的二元制的是（　　）。
    A. 魏晋南北朝时期　　　　　B. 宋元时期
    C. 明清时期　　　　　　　　D. 隋唐时期

7. 在一定期限内对有关机关办理的政务公文情况进行全面检查清理，以检验各衙门政绩优劣及公事违失，这种监察方式称为（　　）。
    A. 封驳制度　　　　　　　　B. 文册申报备案稽考制度
    C. 注销制度　　　　　　　　D. 照刷文卷

8. 下列属于经济监察机关的是（　　）。
    A. 检察院　　　　　　　　　B. 审计机关
    C. 行政监察机关　　　　　　D. 组织人事机关

9. 检查朝班时百官的仪态行履，以维护朝廷的秩序和尊严，自汉代叔孙通定朝仪始，一直列为封建监察机构的重要职责，这种监督方式为（　　）。
    A. 监试　　　　　　　　　　B. 监决
    C. 监朝仪　　　　　　　　　D. 监视钱谷出纳

10. 西方的（　　）是对文官（公务员）的监察。
    A. 内部行政监察　　　　　　B. 司法审查
    C. 人事监察　　　　　　　　D. 监察专员制

二、多项选择题

1. 按监察参与主体，人事监察方法可分为（　　）。
   A. 共同监察　　　　　　　　B. 一般监察
   C. 独立监察　　　　　　　　D. 专门监察
   E. 日常监察

2. 中国古代监察制度包括（　　）系统。
   A. 御史监察制　　　　　　　B. 谏官言谏制
   C. 文官分类制　　　　　　　D. 功绩保护制
   E. 门下省

3. 属于亲临现场督察的随事监检的是（　　）。
   A. 监试　　　　　　　　　　B. 议政
   C. 监决　　　　　　　　　　D. 监视钱谷出纳
   E. 监军

4. 属于事后监督的有（　　）。
   A. 监朝仪和祭礼　　　　　　B. 直接受理检举上诉状
   C. 知政　　　　　　　　　　D. 设甀以受四方之书
   E. 设登闻鼓、立肺石，提供直诉途径

5. 中国古代监察机关的职权有（　　）。
   A. 谏诤权　　　　　　　　　B. 纠举权
   C. 封驳权　　　　　　　　　D. 监察礼仪权
   E. 弹劾权

6. 由于各国历史、传统的不同，议员监察制度，在表现形式上有所差异，但在（　　）方面则是共同的。
   A. 监督施政　　　　　　　　B. 监督财政
   C. 监督外交　　　　　　　　D. 监察政府人事
   E. 监督工会

7. 英国人事监察制度中的惩处种类有（　　）。
   A. 申戒　　　　　　　　　　B. 停薪
   C. 停职　　　　　　　　　　D. 降职
   E. 提前退休

8. 英国人事监察制度中的惩戒机关有（　　）。
   A. 文官委员会　　　　　　　B. 惠特利委员会
   C. 劳动仲裁法院　　　　　　D. 行政司法机构
   E. 普通法院

9. 美国人事监察制度中的惩戒机关有（　　）。
   A. 人事局　　　　　　　　　B. 功绩制保护委员会
   C. 监察长　　　　　　　　　D. 独立检察官

E. 联邦劳工关系局
10. 我国的人事监察体系较为分散，行使监察职权的主要有（　　）。
A. 党的纪律检查委员会　　　　B. 行政监察机关
C. 审计机关　　　　　　　　　D. 检察院
E. 组织人事机关

三、名词解释

1. 监察
2. 人事监察
3. 人事效能监察
4. 谏诤

四、简答题

1. 我国现行人事监察制度经历了哪些历史阶段？
2. 西方国家人事监察制度有哪些特点？
3. 西方人事监察制度有哪些主要形式？
4. 中国古代监察制度有什么借鉴意义？
5. 简述科学的人事监察程序构成。

五、论述题

1. 如何完善我国人事监察机制？
2. 试论述建立科学的人事监察制度的作用。

参 考 答 案

一、单项选择题

1. A　　2. D　　3. D　　4. B　　5. B
6. C　　7. D　　8. B　　9. C　　10. C

二、多项选择题

1. AC　　2. AB　　3. ACDE　　4. BDE　　5. ABCDE
6. ABCD　7. ABCDE　8. ABCDE　9. ABCDE　10. ABCDE

三、名词解释

1. 监察是指监察部门对组织机构及其任职人员是否合法合理地履行职责，进行弹劾、惩戒、纠正和监督。

2. 人事监察是人事管理工作的重要组成部分，就是监察主体通过认可的方式，对组织机构及其任职人员履行岗位职责时的行为的合法性和合理性进行综合管理的过程，也包括在人事任命、选聘、考核、培训、交流、退休、薪酬待遇等各人事管理环节中，对相关行为的合理合法性的管理过程中。

3. 人事效能监察是指人事监察部门对监察对象部门及其任职人员的工作状态，以及履行职责和执行职能的质量、效率、效果等情况进行的检查、问责和处置活动。

4. 谏诤是指对君主言行违失的直言批评，规劝其改正错误。

四、简答题

1. 我国现行人事监察制度的发展主要经历了四个阶段。
（1）我国人事监察制度创立时期（1949～1953年）。
（2）我国人事监察制度发展时期（1955～1958年）。
（3）我国人事监察制度遭受挫折时期（1959～1978年）。
（4）我国行政监察制度恢复和健全发展时期（1979年至今）。

2. 西方国家人事监察制度主要有以下特点。
（1）监察机构独立性强。
（2）法制体系完善细致，主要表现如下：监察法律法规互相协调配合，形成严密的体系；对监察对象行为规范的规定详细、具体，可操作性强。
（3）惩罚措施坚强有力。

3. 西方人事监察制度的主要形式有如下几种。
（1）议会议员监察制度。
（2）监察专员制度。
（3）司法监察制度。
（4）行政司法制度。
（5）组织人事监察。

4. 中国古代监察制度发展状况体现了中华民族的独特历史和文化。数千年传承的文明中，积累了丰富的值得借鉴的经验及教训。
（1）监察官低配高用，地位尊崇，权力显赫。
（2）强有力的职权是监察职能作用得以充分发挥的保障。
（3）监察机关垂直的领导体制为监察职权的发挥减少障碍。
（4）监察制度为历朝历代所重视。

5. 科学的监察过程，由四个阶段组成。①制订监察计划；②观察和检查；③分析和评价；④纠正和总结。

五、论述题

1. 完善我国人事监察机制应做好如下几方面的工作。
（1）统一职权。应当将具有立法监察、行政监察、司法监察、廉政监察等的职权联合起来，有效衔接，形成监察权链条，从发现国家工作人员问题、分析问题到解决问题或提请其他国家机关解决问题,以最大限度地杜绝官僚主义弊端。结合古今中外来看,结合我国现行监察实际,监察机关应包含以下几种职权:弹劾权、惩戒权、纠正权、审计权、侦查权、公诉权等。

(2)健全人事监察机制。①预防性监察机制。②常规性监察机制。③惩戒性监察机制。④权力制约权力的监察机制。⑤法律监察机制。⑥全过程监察机制。

(3)增强监察制度的独立性。监察制度的独立性是指将监察部门依照法律规定独立行使监察权,对其他组织机构及其任职人员进行监督。监察机关独立于其他的治权机关,不受司法机关、行政机关、社会团体和个人的干涉。

(4)设立人事监察专员制度。在我国推行人事监察专员制度,要充分考虑本土环境,取其精华,去其糟粕,最大限度地使用其制度优势来填补我国在人事监察方面的不足。建议人事监察专员拥有独立的调查权、建言权。

2. 建立科学的人事监察制度的作用如下。

(1)科学的人事监察制度是保障人事部门和各级国家机关、事业、企业单位的人事管理机构或专职人员贯彻执行国家法律、法规和政策的重要手段。人事活动的合理性与合法性都需要监督检查进行检验。

(2)科学的人事监察制度是克服官僚主义、改进工作、提高效能的有力措施。健全法制,实行严格的监督、检查制度和奖惩制度是强化人事工作、消除官僚主义、提高工作效率的有力措施。

(3)科学的人事监察制度有助于严肃政纪、消除人事管理中的腐败因素和腐败分子,也有助于加强廉政教育、开展遵纪守法活动。

首先,只有建立健全科学的人事监察制度,才能积极有效地推进监察工作、开展反腐败斗争,严肃查处各种违法违纪案件,匡正祛邪,顺乎民意,更好地为人民谋利益。其次,科学的人事监察制度还通过正反两个方面的典型案例、利用舆论工具和内部通报等多种形式加强廉政教育,提高遵纪守法的自觉性。最后,科学的人事监察制度能充分发挥对经济建设的服务推动作用,即服务于经济建设这个中心,把人事监察工作渗透到经济活动和各项业务管理工作中,把监察工作和经济工作结合起来,提高人事工作效率,推动生产的发展。

全真模拟演练（一）

（考试时间 150 分钟）

总 分		题 号	一	二	三	四	五	六
核分人		题 分	20	20	9	25	10	16
复查人		得 分						

一、单项选择题（本大题共 20 小题，每小题 1 分，共 20 分。在每小题列出的四个备选项中只有一个是符合题目要求的，请将其代码填写在题后的括号内。错选、多选或未选均无分）

1. 从员工创造力发挥的角度论证了人员流动必要性的理论为（　　）。
   A. 勒温的场论　　　　　　　　B. 卡兹的组织寿命学说
   C. 雷诺曲线　　　　　　　　　D. 库克曲线
2. 使用相对比较法作为绩效考核方法，当需要考核的员工有 10 名时，考核人员需要做（　　）次比较。
   A. 45　　　　B. 55　　　　C. 65　　　　D. 100
3. 激励机制的运行起点是（　　）。
   A. 员工的需求　　　　　　　　B. 企业的需求
   C. 绩效考核　　　　　　　　　D. 考核结果
4. 货币薪酬包括基本工资、（　　）、津贴和股票期权等。
   A. 加班工资　　B. 培训机会　　C. 员工福利　　D. 社会保险
5. 职级工资制根据不同的职能，将员工的基本工资划分为职务工资、（　　）、基础工资和工龄工资四个部分。
   A. 岗位工资　　B. 级别工资　　C. 津贴　　　　D. 社会保险
6. 目前我国的社会保险包括（　　）项保险项目。
   A. 5　　　　　B. 4　　　　　C. 3　　　　　D. 2
7. 现代人事管理离不开人事信息，信息的真实性和新鲜度指的是信息的（　　）。
   A. 数量　　　　　　　　　　　B. 质量
   C. 反馈　　　　　　　　　　　D. 沟通
8. 通过在工作现场直接观察员工的实际工作行为进行培训需求分析的方法是（　　）。
   A. 绩效考核法　　　　　　　　B. 面谈征询法

C. 现场观察法 D. 现实分析法

9. （　　）是引导公务员人才资源优化配置的重要杠杆。
   A. 制度设计 B. 劳动契约
   C. 工资机制 D. 保障机制

10. 下列不是员工流动管理目标的是（　　）。
    A. 保证企业顺利获得人才 B. 培养员工忠诚度
    C. 获得最高的人力资源配置效率 D. 遴选优秀人才

11. 适用于专业性较强的工作和职位的分类制度是（　　）。
    A. 职位分类制 B. 品位分类制
    C. 文官制度 D. 聘任制

12. 下列属于经济监察机关的是（　　）。
    A. 检察院 B. 审计机关
    C. 行政监察机关 D. 组织人事机关

13. （　　）是指为了特定的社会目的而对公民从事某种职业或专业技术工作的限制。
    A. 职业能力 B. 职业准入
    C. 职称聘任 D. 职业资格

14. 公民通过一定的形式和渠道进入公务员系统属于（　　）。
    A. 界内流动 B. 入界流动
    C. 出界流动 D. 垂直流动

15. （　　）方法是指邀请在某一领域的一些专家或有经验的人员对某一问题进行预测，在专家小组的预测意见趋于集中后得出结论的结构化方法。
    A. 德尔菲法 B. 描述法
    C. 回归分析法 D. 现状规划法

16. 绩效考核按时间划分包括（　　）。
    A. 定性考核 B. 外部考核
    C. 定期考核 D. 绝对标准考核

17. 人力资源需求预测中，以比较完备的统计资料为基础，通过数学方法找出预测目标与其他因素的规律性联系的预测方法是（　　）。
    A. 内部供给预测 B. 定量预测
    C. 定性预测 D. 外部供给预测

18. 福利制度设计的原则不包括（　　）。
    A. 福利与经济社会发展相适应原则
    B. 福利要与组织经济承受能力相适应原则
    C. 工资福利比例适当原则
    D. 补偿原则

19. 下面哪一项不是基于战略层面的培训需求分析的内容（　　）。
    A. 人事预测 B. 组织态度调查
    C. 组织可提供的资源 D. 组织优先权的改变

20. 在我国事业单位，（　　）是不单独列的一类岗位。
    A. 管理类   B. 专业技术类
    C. 工勤技能类   D. 特设岗位

二、多项选择题（本大题共 10 小题，每小题 2 分，共 20 分。在每小题列出的五个备选项中至少有两个是符合题目要求的，请将其代码填写在题后的括号内。错选、多选或未选均无分）

21. 职位分类的具体原则主要有（　　）。
    A. 系统原则   B. 灵活性原则
    C. 最低职位数量原则   D. 整分合原则
    E. 能级原则
22. 我国的人事监察体系较为分散，行使监察职权的主要有（　　）。
    A. 党的纪律检查委员会   B. 行政监察机关
    C. 审计机关   D. 检察院
    E. 组织人事机关
23. 绩效考核需遵循的原则有（　　）。
    A. 公平公正原则   B. 客观准确原则
    C. 多元化原则   D. 可行性原则
    E. 实用性原则
24. 辅助薪酬有（　　）组成。
    A. 工资   B. 社会保险
    C. 福利   D. 绩效薪酬
    E. 成就薪酬
25. 人事管理学的研究对象是（　　）。
    A. 人   B. 事
    C. 人与事的结合   D. 物
    E. 古今中外人事制度
26. 面对人力资源短缺情况，企业可以采取的措施有（　　）。
    A. 进行裁员   B. 开展员工培训
    C. 根据员工实际情况，择优晋升 D. 借调员工
    E. 关闭不赢利的车间
27. 我国公务员职位横向分为（　　）等类别。
    A. 综合管理类   B. 专业技术类
    C. 行政执法类   D. 法官检察官类
    E. 工勤技能类
28. 职位评价的方法一般有（　　）。
    A. 全部列等法   B. 分类法
    C. 问卷调查法   D. 因素比较法

E. 因素评分法
29. 人事信息工作中要处理好的关系有（　　）。
　　A. 主观与客观的关系　　　　　　B. 数量与质量的关系
　　C. 一般与个别的关系　　　　　　D. 正反馈与负反馈的关系
　　E. 正式渠道传递的信息与非正式渠道传递的信息的关系
30. 社会保险包括（　　）。
　　A. 养老保险　　　　　　　　　　B. 住房公积金
　　C. 医疗保险　　　　　　　　　　D. 生育保险
　　E. 工伤保险

三、名词解释（本大题共 3 小题，每小题 3 分，共 9 分）

31. 专业技术职务

32. 人事规划

33. 录用决策

四、简答题（本大题共 5 小题，每小题 5 分，共 25 分）

34. 如何理解人事管理的目标和原则？

35. 培训需求评估的内容有哪些？

36. 职位分类的原则有哪些？

37. 薪酬为什么具有补偿功能？

38. 什么是工伤保险？

五、案例分析题（本题 10 分）

39. 某民营企业的老板学习有关激励理论后，受到很大启发，并付诸实践。他赋予员工更多的工作和责任，并通过赞扬和赏识来激励员工。结果事与愿违，员工的积极性非但没有提高，反而对老板的做法强烈不满，认为他是在利用诡计来剥削员工。

请根据所学习的有关激励等理论，分析该老板做法失败的原因并提出建议。

六、论述题（本大题共 2 小题，每小题 8 分，共 16 分）

40. 试述工资与福利的不同。

41. 试述绩效考核的作用。

全真模拟演练（一）参考答案及解析

一、单项选择题（本大题共 20 小题，每小题 1 分，共 20 分）

1. D   2. A   3. A   4. A   5. B
6. A   7. B   8. C   9. C   10. D
11. A   12. B   13. B   14. B   15. A
16. C   17. B   18. D   19. C   20. D

二、多项选择题（本大题共 10 小题，每小题 2 分，共 20 分）

21. ACDE   22. ABCDE   23. ABCDE   24. DE   25. ABCE
26. BCD   27. ABCD   28. ABDE   29. BCDE   30. ACDE

三、名词解释（本大题共 3 小题，每小题 3 分，共 9 分）

31. 专业技术职务也称专业技术岗位，是指需要具有专门的业务知识和技术水平、具备一定专业技术资格的人员方能担负的工作岗位。实践中，各类单位是通过专业技术职称聘任工作来履行专业技术职务管理的。（3分）

32. 人事规划：广义上的人事规划指的是组织所有人事规划的总称；狭义上的人事规划指的是企业从其战略规划和发展目标出发，全面、科学地分析内部环境与外部环境的变化，预测企业人力资源的供给和需求状况，制定相关的政策与措施，确保满足企业对人力资源需求的活动过程。现今，人们一般指其狭义的概念。（3分）

33. 录用决策是指对通过甄选测试的应聘者进行的进一步的甄选挑选，确定哪一位或哪几位应聘者被最终录用的过程。（3分）

四、简答题（本大题共 5 小题，每小题 5 分，共 25 分）

34. 从事管理的目标和原则如下。

（1）人事管理的根本目标，就是要通过一系列的管理手段，调节人与人之间在需要和利益上的矛盾，以实现人们在行动上的协调一致。（1分）

（2）人事管理的这一根本目标带有明显的双重性质。一方面，施加影响于人，使个人的需要和利益服从社会的需要和利益；另一方面，则要服务于人，使个人的合理需要得到满足，使个人的正当利益得到保护。（2分）

要做好人事工作，必须遵循下列基本原则：①适应需要；②任人唯贤；③竞争择优；④适才适用；⑤依法管理。（2分）

35. 培训需求评估是培训需求分析的首要任务。培训需求评估指的是根据员工培训需求评估的目标，完成培训需求的确认工作。（2分）培训需求分析的三大要素为基于战略层面的培训需求分析、基于组织层面的培训需求分析、基于员工层面的培训需求分析。（3分）

36. 职位分类的总原则是"因事设职",（1分）具体原则主要有四项。①系统原则；（1分）②最低职位数量原则；（1分）③整分合原则；（1分）④能级原则。（1分）

37. 薪酬具有补偿功能的原因在于三个方面。①员工在为组织目标工作的过程中必须消耗一定的体力和脑力，因此员工只有得到相应的补偿，才能保证工作的效率，保证工作的顺利进行。②随着知识时代的到来，为了更好地完成工作，员工需要进行自身的教育培训，不断学习，适应知识的快速更新。而这部分投资也必须得到补偿，否则员工将不再愿意对人力资本进行投资，员工的素质和组织的工作效率也因此无法得到有效的提高，严重影响了组织目标的实现和组织竞争力的提升。③员工还承担着一定的家庭责任和社会责任，这些都需要员工通过努力工作来获得足够的物质报酬，才能更好地维持整个家庭物质和文化生活的需要。（答对一点给2分，答对两点给4分，答对三点给5分）

38. 工伤保险是指劳动者因生产或工作发生受伤、残疾、职业病或死亡，本人及其家属丧失收入来源，生活无保障时，从组织或国家获得必要的物质帮助的一种社会保险制度。（3分）它是国家为了保障劳动者在工作中遭受事故伤害和患职业病后获得医疗救治、经济补偿，促进工伤预防和职业康复，分散工伤风险的一种社会保障手段。（2分）

五、案例分析题（本题10分）

39. 原因如下。

（1）从马斯洛的需要层次理论我们知道，人类需要是分层的，分别是生理需要、安全需要、归属需要、尊重需要、自我实现需要。马斯洛认为只有当低级需要满足以后才会有更高层次的需要。主导需要决定了人的行为。（3分）

（2）案例中该民营企业的老板可能忽视了员工的较低层次的需要，如生理和安全需要，而这些需要很可能正是员工的主导需要。没能够对症下药，才导致该民营企业老板激励做法失败。（3分）

（3）要使得激励有效，应当了解员工的真正需要，并加以满足。在实施过程中，应当坚持物质利益原则，随机制宜，创造激励条件，把物质利益和精神鼓励相结合。（4分）

六、论述题（本大题共2小题，每小题8分，共16分）

40. 虽然工资和福利都是员工薪酬的组成部分，但二者存在一些差别，主要表现在以下几个方面。

（1）在薪酬中的地位不同。工资属于货币薪酬，在薪酬中是主体，是薪酬的基本形式，而福利属于非货币薪酬，在薪酬中处于补充地位。（2分）

（2）给付的依据不同。工资遵循的是按劳分配原则，是绩效考核的结果，但福利一般与工作时间或工作贡献大小的关联性不大，通常只要是组织的成员都可以均等地获得组织提供的福利，因此福利具有普惠性。（2分）

（3）给付形式不同。一般来讲，工资都是以货币形式给付的，福利的形式则有很多，既可以是货币，也可以是实物或者服务。（2分）

（4）保障水平不同。工资是为了保障员工基本的生活，福利则更注重提高员工的生活水平。（2分）

41. 绩效考核在组织管理中具有的作用如下。

（1）绩效考核为员工的任用、调动和升降提供了依据。一方面，通过绩效考核，组织可以对每一个员工的基本情况进行评估，充分了解每一个员工的长处和短处，从而将员工分派到最合适的岗位上，实现效率最大化的人岗匹配。另一方面，绩效考核呈现了员工一系列的工作信息，包括工作技能、工作态度和工作成就等，组织依据这些信息，对员工进行晋升、降职、轮换、调动等人力资源管理工作，实现人力资源的最优配置。（2分）

（2）绩效考核为组织确定合理的薪酬提供了依据。市场经济要求薪酬分配必须遵守效率原则。因此，组织应当对每一个员工的工作成果进行准确的评价，并以此为依据制定员工的报酬，实现奖励先进、督促中间、惩罚落后的科学薪酬机制，增强员工的公平感和成就感，充分调动员工的积极性和创造性。（2分）

（3）绩效考核为员工的培训和开发提供了依据。对员工的培训和开发是组织的至关重要的一项人力资源管理活动。绩效考核提供了每个员工的工作信息，组织可以依据这些信息，有针对性地开展员工培训与开发活动，实现弥补员工能力短板、增强员工优势的培训效果。（2分）

（4）绩效考核为组织在变革和发展中提供了决策依据。通过绩效考核，深入地了解组织各种职能部门的情况和存在的问题，这些信息不仅是组织做出相关决策的依据，还是监督检查组织决策执行效果的依据。（2分）

全真模拟演练（二）

（考试时间 150 分钟）

总　分		题　号	一	二	三	四	五	六
核分人		题　分	20	20	9	25	10	16
复查人		得　分						

一、单项选择题（本大题共 20 小题，每小题 1 分，共 20 分。在每小题列出的四个备选项中只有一个是符合题目要求的，请将其代码填写在题后的括号内。错选、多选或未选均无分）

1. 360 度绩效考核法信息除了来自上级监督者的自上而下的反馈（上级）、来自平级同事的反馈（同事）、来自下属的自下而上的反馈（下属）、来自企业内部的支持部门和供应部门的反馈（支持者），以及来自本人的反馈外，还应该来自（　　）。
   A. 父母
   B. 来自公司内部和外部的客户的反馈（服务对象）
   C. 员工之前的单位
   D. 网络
2. 社会保险的特点不包括（　　）。
   A. 保障性　　　B. 强制性　　　C. 免费性　　　D. 互济性
3. 西方文官制度是适应现代行政管理及民主政治发展的需要而产生和发展起来的，它最早起源于（　　）。
   A. 美国　　　　　　　　　　　B. 英国
   C. 德国　　　　　　　　　　　D. 法国
4. 中国近现代公务员制度的酝酿时期是在（　　）。
   A. 晚清时期　　　　　　　　　B. 南京临时政府时期
   C. 北洋政府时期　　　　　　　D. 南京国民政府时期
5. 人事录用工作的最基本原则是（　　）。
   A. 公平原则　　　　　　　　　B. 效率原则
   C. 合法原则　　　　　　　　　D. 公开原则
6. 下面哪一种不属于按面试内容划分的种类（　　）。
   A. 情景化面试　　　　　　　　B. 心理面试

C. 半结构化面试　　　　　　　　D. 职位追溯面试

7. 下列不是薪酬制度设计应该遵循的原则的是（　　）。
   A. 法律保障原则　　　　　　　　B. 同工同酬原则
   C. 控制成本原则　　　　　　　　D. 平衡比较原则

8. 激励机制是指在组织系统中，激励主体通过激励手段或激励因素与激励客体之间发生相互作用的关系的总和，包括（　　）、激励频率和激励程度。
   A. 激励时间　　　　　　　　　　B. 激励时机
   C. 激励成员　　　　　　　　　　D. 激励方法

9. 人事管理学的特点有（　　）。
   A. 社会性　　　　　　　　　　　B. 自然性
   C. 边缘性　　　　　　　　　　　D. 现代性

10. 社会管理的核心部分是（　　）。
    A. 人事管理　　　　　　　　　　B. 计划管理
    C. 生产管理　　　　　　　　　　D. 财务管理

11. （　　）本质上属于一种市场行为。
    A. 职业能力水平评价　　　　　　B. 职业准入资格证
    C. 职称聘任　　　　　　　　　　D. 职业资格评审

12. 在人事规划制订程序中，不包括以下哪一项（　　）？
    A. 资料收集准备环节　　　　　　B. 确定人力资源供需关系
    C. 员工意见反馈　　　　　　　　D. 人力资源供给预测

13. 人事管理一方面具有自然属性，另一方面又具有社会属性，社会属性源于其（　　）。
    A. 政治性　　　　　　　　　　　B. 社会性
    C. 实用性　　　　　　　　　　　D. 科学性

14. 专业技术职称任用制度，又称（　　）。
    A. 专业技术职称聘任制　　　　　B. 职位分类制度
    C. 任职资格评价制度　　　　　　D. 职业准入资格制度

15. 设立专门的人事监察机构，并独立地行使监察职权，这是人事监察的（　　）。
    A. 内容综合性　　　　　　　　　B. 客体特定性
    C. 对象特定性　　　　　　　　　D. 主体特定性

16. 西方的（　　）是对文官（公务员）的监察。
    A. 内部行政监察　　　　　　　　B. 司法审查
    C. 人事监察　　　　　　　　　　D. 监察专员制

17. （　　）是从确定职位空缺、确定招聘策略到应聘者筛选及录用等一系列环节的整个过程。
    A. 工作分析　　　　　　　　　　B. 招聘程序
    C. 绩效考核　　　　　　　　　　D. 人员遴选

18. 下列不是员工流动管理目标的是（　　）。
    A. 保证企业顺利获得人才　　　　B. 培养员工忠诚度

C. 获得最高的人力资源配置效率　　D. 遴选优秀人才

19. 工作性质充分相似的所有职位总称（　　）。
    A. 职位　　　　　　　　　　　　B. 职级
    C. 职等　　　　　　　　　　　　D. 职系

20. 组织人事规划供给预测的内容包括（　　）和组织外部的人员供给
    A. 国家宏观层面的人员供给　　　B. 地区层面的人员供给
    C. 组织内部的人员供给　　　　　D. 竞争对手的人员供给

二、多项选择题（本大题共 10 小题，每小题 2 分，共 20 分。在每小题列出的五个备选项中至少有两个是符合题目要求的，请将其代码填写在题后的括号内。错选、多选或未选均无分）

21. 人员筛选的原则有（　　）。
    A. 公平竞争　　　　　　　　　　B. 以人为本
    C. 宁缺毋滥　　　　　　　　　　D. 统筹兼顾
    E. 双向选择

22. 职位分类标准包括（　　）。
    A. 职位说明书　　　　　　　　　B. 职系说明书
    C. 职级规范　　　　　　　　　　D. 职组规范
    E. 职等标准

23. 由于各国历史、传统的不同，议员监察制度在表现形式上有所差异，但在（　　）方面则是共同的。
    A. 监督施政　　　　　　　　　　B. 监督财政
    C. 监督外交　　　　　　　　　　D. 监察政府人事
    E. 监督工会

24. 中国古代监察制度包括（　　）系统。
    A. 御史监察制　　　　　　　　　B. 谏官言谏制
    C. 文官分类制　　　　　　　　　D. 功绩保护制
    E. 门下省

25. 公务员流动的基本特点包括（　　）。
    A. 利益驱动性　　　　　　　　　B. 动态适应性
    C. 能级对应性　　　　　　　　　D. 行政文化引导性
    E. 单向垂直性

26. 事业单位专业技术岗位按照岗位职能的特点设置了（　　）岗位级别。
    A. 高级岗位　　　　　　　　　　B. 副高级岗
    C. 中级岗位　　　　　　　　　　D. 初级岗位
    E. 员级岗位

27. 以人事规划涉及的范围大小为分类标准，可以分为（　　）。
    A. 项目规划　　　　　　　　　　B. 部门规划

C. 季度规划 D. 整体规划
E. 销售规划

28. 我国事业单位职位横向分为（　　）等类别。
    A. 管理类 B. 专业技术类
    C. 工勤技能类 D. 执法类
    E. 后勤类

29. 人事管理学的特点有（　　）。
    A. 实用性 B. 边缘性
    C. 政治性 D. 社会性
    E. 自然性

30. 唐代考核官吏的标准有（　　）。
    A. "四善" B. 课考
    C. "上计" D. 监察
    E. "二十七最"

三、名词解释（本大题共3小题，每小题3分，共9分）

31. 人事培训

32. 职称

33. 流动适度原则

四、简答题（本大题共5小题，每小题5分，共25分）

34. 简述科学的人事监察程序构成。

35. 职位分类有何优缺点？

36. 人员甄选的方法有哪些？

37. 人事立法应遵循哪些原则？

38. 如何理解人事管理学与行政管理学的关系？

五、案例分析题（本题10分）

39. 助理工程师黄大佑，一个名牌大学高材生，毕业后工作已8年，于4年前应聘调到一家大厂工程部负责技术工作，工作诚恳负责，技术能力强，很快就成为厂里有口皆碑的"四大金刚"之一，名字仅排在厂技术部主管陈工之后。然而，工资却同仓管人员不相上下，一家三口尚住在来时住的那间平房。对此，他心中时常有些不平。

黄厂长，一个有名的识才的老厂长，"人能尽其才，物能尽其用，货能畅其流"的孙中山先生名言，在各种公开场合不知被他引述了多少遍，实际上他也是这样做了。4年前，黄大佑来报到时，门口用红纸写的"热烈欢迎黄大佑工程师到我厂工作"几个不凡的颜体大字，是黄厂长亲自吩咐人秘部主任落实的，并且交代要把"助理工程师"的"助理"两字去掉。这在当时确实使黄大佑工作更卖劲。

两年前，厂里有指标申报工程师，黄大佑属于有条件申报之列，但名额却让给一个没有文凭、工作平平的老同志。他想问一下厂长，谁知，他未去找厂长，厂长却先来找他了："黄工，你年轻，机会有的是。"去年，他想反映一下工资问题，这问题确实重要，来这里其中一个目的不就是想拿高一点工资，提高一下生活待遇吗？但是几次想开口，都没有勇气讲出来。因为厂长不仅在生产会上大夸他的成绩，而且，曾记得，有几次外地人来取经，黄厂长当着客人的面赞扬他："黄工是我们厂的技术骨干，是一个有创新的……"哪怕厂长再忙，路上相见时，总会拍拍黄工的肩膀说两句，诸如"黄工，干得不错"，"黄工，你很有前途"。这的确让黄大佑兴奋，"黄厂长确实是一个伯乐"。此言不假，前段时间，他还把一项开发新产品的重任交给他呢，大胆起用年轻人，然而……

最近，厂里新建好了一批职工宿舍，听说数量比较多，黄大佑决心要反映一下住房问题，谁知这次黄厂长又先找他，还是像以前一样，笑着拍拍他的肩膀："黄工，厂里有意培养你入党，我当你的介绍人。"他又不好开口了，结果家没有搬成。

深夜，黄大佑对着一张报纸的招聘栏出神。第二天一早，黄厂长办公台面上放着一张小纸条： 黄厂长：您是一个懂得使用人才的好领导，我十分敬佩您，但我决定走了。

请回答以下问题：

（1）根据马斯洛的需要层次理论，住房、评职称、提高工资和入党对于黄工来说分别属于什么需要？

（2）黄工的工资和仓管员的不相上下，是否合理？

六、论述题（本大题共 2 小题，每小题 8 分，共 16 分）

40. 结合实际谈谈人事规划的作用。

41. 如何完善我国人事监察机制。

全真模拟演练（二）参考答案及解析

一、单项选择题（本大题共 20 小题，每小题 1 分，共 20 分）

1. B　　2. C　　3. B　　4. A　　5. B
6. C　　7. C　　8. B　　9. C　　10. A
11. A　　12. C　　13. A　　14. A　　15. D
16. C　　17. B　　18. D　　19. D　　20. C

二、多项选择题（本大题共 10 小题，每小题 2 分，共 20 分）

21. ACD　　22. ABC　　23. ABCD　　24. AB　　25. ABCD
26. ACDE　　27. ABD　　28. ABC　　29. ABC　　30. AE

三、名词解释（本大题共 3 小题，每小题 3 分，共 9 分）

31. 人事培训指通过培训、开发、教育等手段提高组织员工的知识、技能、能力和态度所开展的一系列有计划、有系统的工作。（3分）

32. 职称是指专业技术（或学识）水平、能力及成就的等级称号，是对各类专业技术人员的水平、能力与成就的评价，以及各类专业技术职务的统称，包括专业技术职务任职资格、专业技术资格和专业技术人员职业资格。（3分）

33. 流动适度原则：企业员工的合理流动是每个企业运作中不可避免会遇到的，适度、合理的人才流动能够让企业的人力资源队伍更加具有积极性，也为企业的发展壮大提供了源源不断的动力。（3分）

四、简答题（本大题共 5 小题，每小题 5 分，共 25 分）

34. 科学的监察过程，由四个阶段组成。①制订监察计划；②观察和检查；③分析和评价；④纠正和总结。（各点1分，答对四点得5分）

35. 职位分类的优点如下。

（1）因事设人避免了因人设事、滥竽充数现象。

（2）可以使考试和考核标准客观，有利于事得其人，人尽其才。

（3）便于实行公平合理的工资待遇和制订工作人员的培训筹划。

（4）可以做到职责分明，淘汰不必要的推诿纠纷，有利于获得职位的最佳人选，治理机构重叠、层次过多、授权不清、人浮于事等问题，提高组织机构的科学化、系统化水平，使组织机构处于合理高效的状态。

（5）有一套严格的法规文件。

（6）以工作决定报酬，实行同工同酬。

（7）为考试录用、考核奖惩、升迁等各项管理提供客观依据。

职位分类的缺点如下。

（1）在适用范围上，职位分类较适用于专业性较强的工作和职位，而对高级行政职位、秘密性职位、临时性职位和通用性较强的职位，则不太适用。

（2）实施职位分类的程序烦琐复杂，需要动用大量的人力、物力并需要有履历的专家参与，否则难以达到科学和正确。

（3）职位分类重事不重人，强调"职位面前人人平等"，因此严格限制了每个职位的工作数量、质量、责任，严格规定了人员的升迁调转途径，有碍于人的全面发展和人才流动，个人积极性不轻易得到充分发挥。

（4）职位分类在考核方面过于注重公开化和量化指标，使人感到烦琐、死板、不易推行。（优点答4点以上得3分，缺点3点以上得2分）

36. 人员甄选的方法包括笔试、心理测验、面试和评价中心。（各点1分，答对4点得5分）

37. 人事立法应遵循的原则如下。

（1）立法权限的原则。

（2）效力分级的原则。

（3）程序合法的原则。

（4）体系完整的原则和稳定与适应的原则。（各点1分，答对4点得5分）

38. 人事管理学与行政管理学的关系如下。

（1）从联系上看，行政管理学是研究政府行政管理的科学，其主要内容有政府部门的组织、领导、人事行政、决策等。它既是政治学的一个分支，也是管理学的一个分支。由于人事行政是行政管理学研究的主要内容，所以，一般把人事管理学看作行政管理学的一个分支。（3分）

（2）从区别上看，由于行政管理学中的人事行政只研究对政府部门机关工作人员的管理，而人事管理学在广义上则是指对各级机关、企事业单位和社会团体中的各种工作人员进行管理的研究，因而从逻辑上说，人事管理学的研究范围要广于行政管理学对人事行政的研究。尽管行政管理学对人事行政研究的原则、理论在一定程度上也适用于企事业的人事管理，却不能取而代之。从这一点上说，人事管理学是独立于企事业管理学和行政管理学之外的一门学科。（2分）

综上所述，人事管理学与行政管理学既存在着密切联系，又有一定的区别，它们不能互相代替。

五、案例分析题（本题10分）

39. （1）按需要层次论，人的行为动力来源于主导需求层次。需求层次丛低到高的顺序为生理的需要、安全的需要、归属的需要、尊重的需要、自我实现的需要。黄大佑的需求目前为低级需要，即生理和安全的需要。（5分）

（2）黄工的工资和仓管员的不相上下，很显然不合理。一个人对其所得的报酬是否满意，不是只看绝对值，而是进行社会比较或历史比较，看相对值，即每个人都把个人的报酬与贡献的比率同他人的比率做比较，如比率相等，则认为公平合理而感到满意，从而心情舒

畅努力工作；否则就会感到不公平、不合理而影响工作情绪。这种比较过程还包括同本人的历史贡献报酬比率做比较。（5分）

六、论述题（本大题共2小题，每小题8分，共16分）

40. 人事规划的作用如下。
    （1）增强企业在市场竞争中的应对能力。（2分）
    （2）满足企业发展战略的要求。（2分）
    （3）指导企业内部人力资源管理。（2分）
    （4）促进企业内部人力资源开发。（2分）

41. 完善我国人事监察机制需做好如下几方面工作。
    （1）统一职权。应当将具有立法监察、行政监察、司法监察、廉政监察等的职权联合起来，有效衔接，形成监察权链条，从发现国家工作人员问题、分析问题到解决问题或提请其他国家机关解决问题，以最大程度地杜绝官僚主义弊端。结合古今中外情形来看，结合我国现行监察实际，监察机关应包含以下几个职权——弹劾权、惩戒权、纠正权、审计权、侦查权、公诉权等。（2分）
    （2）健全人事监察机制。①预防性监察机制。②常规性监察机制。③惩戒性监察机制。④权力制约权力的监察机制。⑤法律监察机制。⑥全过程监察机制。（2分）
    （3）增强监察制度的独立性。监察制度的独立性是指将监察部门依照法律规定独立行使监察权，对其他组织机构及其任职人员进行监督。监察机关独立于其他的治权机关，不受司法机关、行政机关、社会团体和个人的干涉。（2分）
    （4）设立人事监察专员制度。（2分）

全真模拟演练（三）

（考试时间 150 分钟）

总　分		题　号	一	二	三	四	五	六
核分人		题　分	20	20	9	25	10	16
复查人		得　分						

一、单项选择题（本大题共 20 小题，每小题 1 分，共 20 分。在每小题列出的四个备选项中只有一个是符合题目要求的，请将其代码填写在题后的括号内。错选、多选或未选均无分）

1. 以个人的资历条件和身份作为分类依据的人事分类制度是（　　）。
　A. 职位分类制　　　　　　　　B. 品位分类制
　C. 文官制度　　　　　　　　　D. 工作分析制
2. 在执行决策过程中，为了防止随时可能出现的偏离和偏差、考核计划实施情况而进行的监察，称为（　　）。
　A. 事前监察　　　　　　　　　B. 日常监察
　C. 事后监察　　　　　　　　　D. 专门监察
3. 行政级别与职级的设置，类似于古代（　　）的划分。
　A. 官职和阶品　　　　　　　　B. 职品和阶品
　C. 官职和职品　　　　　　　　D. 职务与职称
4. 从管理学的角度出发，按规划的性质分类，企业的人事规划可分为战略规划和（　　）。
　A. 长期规划　　　　　　　　　B. 整体规划
　C. 战术计划　　　　　　　　　D. 项目规划
5. （　　）是指工作性质、难易程度、责任大小、所需资格条件相同或充分相似的职位的组合。
　A. 职位　　　　　　　　　　　B. 职级
　C. 职等　　　　　　　　　　　D. 职系
6. 人事管理一方面具有自然属性，另一方面又具有社会属性，自然属性源于其（　　）。
　A. 政治性　　　　　　　　　　B. 社会性
　C. 实用性　　　　　　　　　　D. 科学性
7. 绩效管理是一个完整的管理过程，包括（　　）。

A. 绩效实施与辅导 　　　　　　　B. 绩效计划制订
C. 绩效评价和绩效反馈 　　　　　D. 以上选项都包括

8. 在一定期限内对有关机关办理的政务公文情况进行全面检查清理，以检验各衙门政绩优劣及公事违失，这种监察方式称为（　　）。
A. 封驳制度 　　　　　　　　　　B. 文册申报备案稽考制度
C. 注销制度 　　　　　　　　　　D. 照刷文卷

9. 具有荣誉性质的是（　　）。
A. 专业技术职务 　　　　　　　　B. 管理职务
C. 职称 　　　　　　　　　　　　D. 衔级

10. 员工绩效与组织绩效的关系是（　　）。
A. 有联系，但联系不是很大 　　　B. 相互独立
C. 既有区别也有联系 　　　　　　D. 以上都正确

11. 研究人才开发、培训、管理、使用和人才成长的规律及其在人才发展实践中的应用的学科是（　　）。
A. 领导学 　　　　　　　　　　　B. 人事管理学
C. 人才学 　　　　　　　　　　　D. 心理学

12. 下列哪项不是薪酬的功能（　　）？
A. 补偿功能 　　　　　　　　　　B. 激励功能
C. 配置功能 　　　　　　　　　　D. 惩罚功能

13. 开始设立"三公九卿"这一政治体制来协助皇帝处理政治、军事、经济等事务的是（　　）。
A. 商朝 　　　　　　　　　　　　B. 春秋时期
C. 战国时期 　　　　　　　　　　D. 秦朝

14. 评价学员知识、技能的掌握程度的层次是（　　）。
A. 反应 　　　　　　　　　　　　B. 结果
C. 行为 　　　　　　　　　　　　D. 学习

15. 新中国成立以来，我国的工资制度经历了（　　）次比较重要的改革。
A. 1 　　　　　　　　　　　　　 B. 2
C. 3 　　　　　　　　　　　　　 D. 4

16. 西方文官制度建立的重要标志是（　　）。
A. 法治化 　　　　　　　　　　　B. 政治中立
C. 政事分开 　　　　　　　　　　D. 职务常任

17. 招募测试和甄选环节中，一种能直接证明求职者情况的有效方法是（　　）。
A. 背景调查 　　　　　　　　　　B. 面试
C. 心理测试 　　　　　　　　　　D. 评价中心

18. 录用工作的首要环节是（　　）。
A. 人员需求预测分析 　　　　　　B. 招募测试与甄选
C. 人员录用 　　　　　　　　　　D. 制定录用策略

19. 录用的效率评估体现在（　　）等方面。
    A. 录用数量　　　　　　　　B. 录用的成本
    C. 录用人员的工作绩效　　　D. 录用人员的能力
20. 下列不属于行为示范培训流程的内容有（　　）。
    A. 注意　　　　　　　　　　B. 机械重复
    C. 学习　　　　　　　　　　D. 回应

二、多项选择题（本大题共 10 小题，每小题 2 分，共 20 分。在每小题列出的五个备选项中至少有两个是符合题目要求的，请将其代码填写在题后的括号内。错选、多选或未选均无分）

21. 评价中心常用的方法有（　　）。
    A. 文件筐法　　　　　　　　B. 管理游戏
    C. 角色扮演　　　　　　　　D. 无领导小组法
    E. 演讲法
22. 职位调查的方法主要有（　　）。
    A. 分类法　　　　　　　　　B. 问卷调查法
    C. 访谈法　　　　　　　　　D. 观察法
    E. 文献法
23. 职级工资制适用于下列哪些工作人员（　　）。
    A. 各级党政机关、人大、政协、法院、检察院、民主党派
    B. 行使国家行政职能、从事行政管理活动并实行国家公务员制度或参照国家公务员制度管理、使用事业编制的单位
    C. 参照国家公务员制度管理的群众团体组织，如工会、共青团、妇联等，受行政机关委托、承担行政职能并使用行政编制的社会团体组织
    D. 私营企业员工
    E. 外企员工
24. 人事管理现代化的标志是（　　）。
    A. 科学化　　　　　　　　　B. 法制化
    C. 系统化　　　　　　　　　D. 专家化
    E. 民主化
25. 从管理学的角度看，"人事"指的是社会劳动过程中（　　）的相互关系。
    A. 人与人　　　　　　　　　B. 人与社会
    C. 人与事　　　　　　　　　D. 人与物
    E. 人与组织
26. 人事管理学的内容有（　　）。
    A. 人事管理理论　　　　　　B. 人事管理体制
    C. 人事管理业务知识　　　　D. 人事管理现代化
    E. 人事管理的比较研究

27. 人事规划的特点有（　　）。
   A. 针对性　　　　　　　　B. 整体性
   C. 时效性　　　　　　　　D. 实用性
   E. 科学性
28. 职位分类的直接起因主要有（　　）。
   A. 实行同工同酬的需要　　B. 提高工作效率的需要
   C. 进行有效考核的需要　　D. 促进管理理论发展的需要
   E. 适应专业分工的需要
29. 公务员流动的基本原则有（　　）。
   A. 党管干部原则　　　　　B. 群众公认原则
   C. 依法办事原则　　　　　D. 流动与稳定相协调的原则
   E. 适度流动原则
30. 以人员流动的空间为主线来分析，公务员流动可以分为（　　）。
   A. 入界流动　　　　　　　B. 水平流动
   C. 界内流动　　　　　　　D. 出界流动
   E. 垂直流动

三、名词解释（本大题共 3 小题，每小题 3 分，共 9 分）

31. 薪酬

32. 人事信息

33. 公务员流动

四、简答题（本大题共 5 小题，每小题 5 分，共 25 分）

34. 公务员流动的外部挑战是什么？

35. 人事信息工作中要处理好哪些关系？

36. 现行工资制度中怎样规定基本工资？

37. 如何理解人事管理学的功能？

38. 人事规划的原则是什么？

五、案例分析题（本题 10 分）

39. S 公司是 J 市的一家民营高科技企业，由几位志同道合的伙伴于 1994 年合作创办。在公司成立之初资金并不宽裕的情况下，几位合伙人主动提出不领取工资直至公司赢利为止。在他们不计报酬、努力工作的精神感召下，公司的员工们也时常义务加班。公司内部关系融洽、士气高涨。经过公司上下的共同努力，1996 年该公司已发展为一家集开发、生产、经销于一体的中型高科技企业，在省内 IT 业界有了一定的知名度。1996~1999 年，公司处于高速发展阶段。企业经济效益连年大幅增长，员工待遇也随之不断改善，加之公司所处行业属于朝阳产业，员工普遍感觉在这样的公司有希望同时还吸引了大批具有专业技术知识的年轻人加入公司。

然而，自 2000 年公司进入稳定期以来，随着经济效益增幅的减小，公司内部出现了安于现状、不思进取的氛围，人心涣散的迹象十分严重，尤其是中层管理者的流失问题急需解决。中层管理者流动频繁，使公司的管理已出现脱节现象，其他员工的士气大受影响，企业生产率明显下降，公司从此陷入恶性循环。最近，员工中开始流传一种说法：凡是从本公司跳槽的人都能在现职岗位上做得不错，待遇比在公司时好，工作强度也比本公司小；其他公司对处于同一层次的员工评估还不单纯以业绩为标准。另外，人员流动多倾向于国内的知名外企。

问题： 请问你如何看待该问题并提出建议。

六、论述题（本大题共 2 小题，每小题 8 分，共 16 分）

40. 试述职位分类的步骤与方法。

41. 试述跨文化团队的优势和劣势。

全真模拟演练（三）参考答案及解析

一、单项选择题（本大题共 20 小题，每小题 1 分，共 20 分）

1. B   2. B   3. C   4. C   5. B
6. D   7. D   8. D   9. D   10. C
11. B   12. D   13. D   14. D   15. D
16. C   17. A   18. A   19. C   20. B

二、多项选择题（本大题共 10 小题，每小题 2 分，共 20 分）

21. ABCD   22. BCDE   23. ABC   24. ABCD   25. ACE
26. ABCDE   27. ABDE   28. ABCE   29. ABCDE   30. ACD

三、名词解释（本大题共 3 小题，每小题 3 分，共 9 分）

31. 薪酬是指组织对员工在不同的工作岗位上付出的劳动给予的各种形式的回报的总和。（3分）

32. 人事信息是指在人与事，以及共事的人与人之间相互关系的产生、发展、变化过程中所反映出来的各种现象，当这些现象被人们感知，并用语言形式描绘成种种消息资料等时，就成为人事信息。（3分）

33. 公务员流动就是指在行政系统内外部及内部之间，依据法定程序和方法，在一定时期内工作性质、地域、领域、职务（称）、岗位在国内或国际上的变动。公务员流动的实质是人事关系在公务员范畴内的调整。按照不同的划分标准，公务员流动有不同的类型。公务员流动须具备一定的条件，遵循一定的模式。（3分）

四、简答题（本大题共 5 小题，每小题 5 分，共 25 分）

34. 公务员流动的外部挑战如下。
第一，市场经济的发展对公务员流动管理提出挑战。
第二，政治行政体制改革的深化对公务员流动管理提出挑战。
第三，经济一体化对公务员流动管理提出挑战。（答对一点得2分，两点得4分，三点得5分）

35. 人事信息工作中要处理好如下关系。
（1）数量与质量的关系。
（2）一般与个别的关系。
（3）正反馈与负反馈的关系。
（4）正式渠道传递的信息与非正式渠道传递的信息的关系。（答对一点得2分，两点得3分，三点得4分，四点得5分）

36. 基本工资主要职能是满足员工本人及其家庭基本生活费。基本工资标准的制定主要依据全国城镇居民的生活费用，并且定期根据物价上涨指数而进行调整。《中华人民共和国公务员法》第七十三条规定"公务员实行国家统一的职务与级别相结合的工资制度"，因此员工的基本工资中不再包含工龄工资和基础工资，主要由职务工资和级别工资组成。虽然同一职务层次的员工执行相同的基本工资，但不同级别的员工基本工资不同，也即员工的资历和能力依然会影响基本工资，这是因为不同级别基本工资不同，员工即使不能提升职务也可以通过晋升级别提高工资待遇，使得工资激励作用充分发挥。（5分）

37.（1）为每个劳动者在社会生活中找到适当的职位，以实现人与事的最佳结合。

（2）为每个劳动者完成其职责创造良好的条件，以实现职责、能力和环境的协调，求得最佳的劳动效率。

（3）在劳动者完成其职责的过程中，对他的工作进行监督与检查，并对其工作绩效做出评价。（答对一点得2分，两点得4分，三点得5分）

38. 人事规划原则：①需求保障原则；②重点明确原则；③环境适应原则；④流动适度原则；⑤共同发展原则；⑥能力层序原则。（答对任意5个都可得5分）

五、案例分析题（本题10分）

39. 问题与建议如下。

（1）解决薪酬出现的问题，而S公司的薪酬对员工没有吸引力，应进行市场薪酬调查。针对中层流失的问题，可以通过股票薪酬模式激励高级管理人员，比如虚拟股票、期股等。（3分）

（2）进行绩效考核。使公司单纯以业绩为标准，结果至上。应改善绩效考核制度，应设计以过程、员工特征为导向的考评制度。利用平衡计分法、KPI和360度考核法。（3分）

（3）建立积极向上的企业文化。因为现在企业人心涣散，对于即将流失或已经提交辞职报告的应该进行辞职谈话、跟踪调查、离职人员分析。在招聘阶段也应调查清楚来本企业的原因，同时要改进晋升机制。（4分）

六、论述题（本大题共2小题，每小题8分，共16分）

40. 职位分类的步骤与方法如下。

（1）职位调查。职位分类的第一个重要步骤就是职位调查。所谓职位调查，就是人事管理部门调查、收集有关职位的各种资料的过程，以作为划分职位类别和职位等级的依据。职位调查的方法主要有问卷调查法、访谈法、观察法、文献法等。（2分）

（2）职位分析。职位调查的结果是对职位内容的初步了解。但是，这种了解还是杂乱无章的、无系统的认识，即对职位的感性认识。所以，职位调查完成之后，对其结果必须进行分析。这种分析，就是职位分析。（2分）

（3）职位评价。职位评价，又叫职位品评，是在职位调查的基础上，根据基本分类因素的比较，对职位进行区分职系、划定职级的过程。职位评价的目的，是通过基本分类因素的比较，来确定其职系与职级。职位评价的方法一般有四种：①全部列等法；②分类法；③因素比较法；④因素评分法。（2分）

（4）确立职位分类标准。职位分类标准包括职系说明书、职级规范和职等标准三部分。职系说明书是指说明工作性质的文书。职级规范是指规定与叙述每一职级的工作性质、繁简难易、责任轻重，以及所需资格条件的书面文件。职等标准，是指叙述每一职等的工作繁简难易、责任轻重、所需资格条件的书面文件。（1分）

（5）职位归级。所谓职位归级，就是依据一定程序，将组织的职位，根据职系说明书决定职位所属职系，再根据职级规范决定职位所属职级职等的过程。职位归级的步骤：①归级调查；②办理归级；③归级异议的复核。（1分）

41. 基本思路就是要厘清职称内涵，根据职业准入（执业或从业资格）、职业水平评价（职业资格认证）、职务（岗位）任职资格评价的不同性质和特点，针对公共部门和非公共部门的不同需求，明确国家、社会（市场）、用人单位等不同主体的职责和权限，转变政府职能，实行分类管理，推进职称管理的法制化。（2分）

（1）认清职称制度的三要素。职业准入、职业水平评价、职务任职评价是构成职称制度的重要元素，但在行为属性、行为主体、评价标准、评价方法方面，有较大的不同。（2分）

（2）国家的归国家，社会的归社会，单位的归单位。明确国家、社会（市场）、用人单位等不同主体的职责和权限，实行分类管理。（2分）

（3）推进职称制度的法制化。推进职称制度的法制化，应在加强职业准入、水平认证和国有单位岗位聘用等的相关立法的基础上，切实转变政府职能，为职称制度改革和法制化提供基础和保障。（2分）

全真模拟演练（四）
（考试时间 150 分钟）

总　分		题　号	一	二	三	四	五	六
核分人		题　分	20	20	9	25	10	16
复查人		得　分						

一、单项选择题（本大题共 20 小题，每小题 1 分，共 20 分。在每小题列出的四个备选项中只有一个是符合题目要求的，请将其代码填写在题后的括号内。错选、多选或未选均无分）

1. 工资属于（　　）。
 A. 货币报酬　　　　　　　　　B. 内在报酬
 C. 非货币报酬　　　　　　　　D. 辅助薪酬
2. 下列选项中，绩效考核不是按形式划分的是（　　）。
 A. 口头考核与书面考核　　　　B. 直接考核与间接考核
 C. 个别考核与集体考核　　　　D. 自我考核
3. 依照宗法制的血统世袭关系，实行"世卿世禄"制度的是（　　）。
 A. 五帝时代　　　　　　　　　B. 夏朝
 C. 商朝　　　　　　　　　　　D. 西周
4. 物质激励包括合理的薪资标准、合理的福利待遇、（　　）和合理的考核机制。
 A. 参与程度　　　　　　　　　B. 合理的晋升机制
 C. 文化激励　　　　　　　　　D. 荣誉激励
5. 培训活动中普遍受到重视和欢迎的一种培训方法是（　　）。
 A. 讲授法　　　　　　　　　　B. 角色扮演法
 C. 行为示范法　　　　　　　　D. 案例研究法
6. （　　）是指人与事结合一直存在着相互制约、相互促进发展变化的规律性。
 A. 经济利益驱动性　　　　　　B. 动态适应性
 C. 能级对应性　　　　　　　　D. 行政文化引导性
7. （　　）是指解雇、提前退休、被动型在职失业。
 A. 自然流出　　　　　　　　　B. 非自愿流出
 C. 随机流出　　　　　　　　　D. 自愿流出

8. 实行品位分类制度的典型国家是（　　）。
   A. 英国　　　　　　　　　　B. 美国
   C. 德国　　　　　　　　　　D. 日本
9. 人事监察的（　　），是指及时制止、纠正已经出现的不当行为，使其终止而不再继续的功能。
   A. 纠正功能　　　　　　　　B. 制约功能
   C. 救济功能　　　　　　　　D. 惩戒功能
10. 职位分类最早产生在（　　）。
    A. 英国　　　　　　　　　　B. 美国
    C. 德国　　　　　　　　　　D. 日本
11. 首开"台谏合一"先河的是（　　）。
    A. 魏晋南北朝时期　　　　　B. 宋元时期
    C. 明清时期　　　　　　　　D. 隋唐时期
12. 反映一个人的专业技术或学术水平等级的是（　　）。
    A. 职务　　　　　　　　　　B. 职称
    C. 职级　　　　　　　　　　D. 衔级
13. （　　）是指为了特定的社会目的而对公民从事某种职业或专业技术工作的限制。
    A. 职业能力　　　　　　　　B. 职业准入
    C. 职称聘任　　　　　　　　D. 职业资格
14. 从管理学的角度看，"人事"指的是社会劳动过程中（　　）的相互关系。
    A. 人为之事　　　　　　　　B. 人情事理
    C. 交际应酬　　　　　　　　D. 人与事之间
15. 研究政府对社会进行有效管理规律的科学是（　　）。
    A. 社会学　　　　　　　　　B. 人事管理学
    C. 行政管理学　　　　　　　D. 心理学
16. 绩效考核的程序依次是（　　）。
    a.确定考核周期　　　b.编制工作计划　　　c.调控考核过程
    d.校正量效化指标　　e.考核结果运用　　　f.验收工作成效
    A. abdcfe　　　　　　　　　B. abcdef
    C. acdebf　　　　　　　　　D. aecdfb
17. （　　）指包括信念、作风、行为规范在内的组织成员的共同价值观体系。
    A. 组织文化　　　　　　　　B. 组织架构
    C. 组织柔性　　　　　　　　D. 组织信念
18. 按照其工作性质和内容、责任轻重、难易程度和所需资格条件等因素将职位分为不同的类别和等级的人事分类制度是（　　）。
    A. 职位分类制　　　　　　　B. 品位分类制
    C. 文官制度　　　　　　　　D. 聘任制
19. 专门研究用人之道的学科是（　　）。

A. 领导学 B. 人事管理学
C. 行政管理学 D. 心理学

20. 检查朝班时百官的仪态行履，以维护朝廷的秩序和尊严，自汉代叔孙通定朝仪始，一直列为封建监察机构的重要职责，这种监督方式为（ ）。
A. 监试 B. 监决
C. 监朝仪 D. 监视钱谷出纳

二、多项选择题（本大题共 10 小题，每小题 2 分，共 20 分。在每小题列出的五个备选项中至少有两个是符合题目要求的，请将其代码填写在题后的括号内。错选、多选或未选均无分）

21. 录用预算包括（ ）。
    A. 招募广告预算 B. 甄选预算
    C. 体检 D. 招募测试预算
    E. 辞职预算

22. 公务员流动的衡量指标包括（ ）。
    A. 流动方向 B. 流动空间
    C. 流动方式 D. 流动频率
    E. 流动规程

23. 按培训目的划分，培训种类有（ ）。
    A. 初任培训 B. 在职培训
    C. 专门业务培训 D. 晋升培训
    E. 离职培训

24. 英国的人事监察制度中的惩戒机关有（ ）。
    A. 文官委员会 B. 惠特利委员会
    C. 劳动仲裁法院 D. 行政司法机构
    E. 普通法院

25. 人事规划需求预测的方法有（ ）。
    A. 德尔菲法 B. 描述法
    C. 人员核查法 D. 回归分析法
    E. 员工替换法

26. 职务的特征有（ ）。
    A. 是构成组织的基本单位 B. 责权的统一体
    C. 没有数量限制 D. 与职品一致
    E. 单指指挥性职责

27. 我国衔级制度的种类有（ ）。
    A. 警衔制度 B. 海关关衔制度
    C. 外事机构衔级制度 D. 军衔制度
    E. 武警的警衔

28. 人事管理的基本原则有（　　）。
    A. 适应需要 B. 任人唯贤
    C. 竞争择优 D. 适才适用
    E. 依法管理
29. 绩效考核中的相对评价法包括（　　）。
    A. 序列比较法 B. 相对比较法
    C. 360度考核法 D. KPI考核
    E. 强制分步法
30. 人事规划供给预测的方法有（　　）。
    A. 技术清单 B. 人员核查法
    C. 马尔可夫模型预测法 D. 回归分析法
    E. 员工替换法

三、名词解释（本大题共3小题，每小题3分，共9分）

31. 工资

32. 激励

33. 人事管理学

四、简答题（本大题共5小题，每小题5分，共25分）

34. 人事规划实施的程序是什么？

35. 西方国家人事监察制度有哪些特点？

36. 如何理解职位分类的含义和特点？

37. 如何构建良好的组织环境？

38. 人事录用的原则是什么？

五、案例分析题（本题 10 分）

39. 小 C 现在一家大型的工程公司质量职能部门工作，该工程公司主要从事石油化工行业的基建建设，成立 20 年来，该工程公司已经建成了数十项大型石油化工装置，完成投资金额数百亿元，建成的工程质量良好，其中有数项工程曾经获得国家、省部和市级优质工程称号，在工程建设行业以质量优良、技术实力强大名噪一时，业务应接不暇，可谓如日中天。小 C 大学毕业至今已有五年，所学专业也是工程建设行业急需的热门专业。小 C 自来到这个公司就被分配在质量职能部门，直接在施工一线现场监督检查项目工程的施工质量，小 C 在工作中坚持原则，一丝不苟，对工程质量铁面无私，曾经及时发现和制止了几次重大质量事故的发生，工作业绩突出，受到公司多次奖励，经过五年的现场的摸爬跌打，小 C 对工程质量的控制已经轻车熟路，可以说是一个工程质量控制专家。公司里人人知道小 C 的能力。

面对小 C 所取得的成绩，公司领导也曾找小 C 谈过话，意思是只要小 C 好好工作，公司会考虑提拔他任质量部门下属的一个部门主管，小 C 自此觉得更有奔头了。前些日子，公司因为发展需要，重新对部门进行了设置并对新部门的组织结构进行了调整，这其中会有一些部门的领导退休和岗位的对调，部门主管曾就此事事先向小 C 透过风，意思是此次调整，他将向公司领导推荐小 C 出任他主管的质量部门下属的一个部门主管，小 C 听了之后，心里特别高兴，更加努力工作，同时也觉得自己的努力终于有了回报。可是一到人事通知下达，令小 C 大为失望的是，人事任命通知的名单中并没有小 C 的名字，小 C 像被当头浇了一盆凉水，愣在当场。当质量部门主管知道人事任命通知名单中没有小 C 的名字后，也觉得非常意外，因为在他当时推荐小 C 时，公司领导似乎已经答应了他的推荐，让小 C 出任质量部门下属的一个部门主管，在其手下工作。现在完全不是那么一回事，质量部门的主管也感觉有点上了公司领导的当。可是，他又不敢向公司领导发火，说公司领导不讲信用，现在他觉得自己有点不讲信用，因为他失信于小 C，关键是现在的人选他自己也不满意，小 C 也知道当前的人选是个什么样的人，这人原来是公司一个领导的司机，对于质量工作如何做，他整个是一窍不通。这工作如何对小 C 做呢，令他颇为头疼，小 C 肯定是非常失望的。

小 C 在这件事过去后，不久也就平静了，也许有些事件主管也无能为力。但小 C 发现别的部门也有类似的事件，这就使小 C 不得不考虑公司现在的用人机制了，现在公司做大做强了，公司领导觉得用谁都可以了，只要听话就行。面对这种现状，小 C 已经下定决心，那就是他该有点准备了。

思考题：

（1）公司的问题出在哪些方面？

（2）小 C 所遇到的事件会对公司发展有哪些方面的影响？

六、论述题（本大题共 2 小题，每小题 8 分，共 16 分）

40. 试述激励时机的三种形式。

41. 试述薪酬按功能分类的主要内容。

全真模拟演练（四）参考答案及解析

一、单项选择题（本大题共 20 小题，每小题 1 分，共 20 分）

1. A   2. D   3. D   4. B   5. D
6. B   7. B   8. A   9. A   10. B
11. B   12. B   13. B   14. D   15. C
16. A   17. A   18. A   19. B   20. C

二、多项选择题（本大题共 10 小题，每小题 2 分，共 20 分）

21. ABCD   22. ABCDE   23. ABCD   24. ABCDE   25. ABD
26. CDE   27. ABCDE   28. ABCDE   29. ABE   30. ABCE

三、名词解释（本大题共 3 小题，每小题 3 分，共 9 分）

31. 工资是员工为组织目标的实现付出了劳动因而从组织中获得的货币报酬，也就是通常所说的最狭义的薪酬。（3 分）

32. 激励就是在外部某种刺激因素的影响下，使人产生一股内在动力朝所期望的目标追求、奋斗的心理活动过程。（3 分）

33. 人事管理学是以人事管理活动为研究对象，正确反映人事管理活动的客观规律的科学。（3 分）

四、简答题（本大题共 5 小题，每小题 5 分，共 25 分）

34. 人事规划实施的程序如下。
（1）规划任务的落实。（2 分）
（2）组织结构的调整。（2 分）
（3）资源的优化配置。（1 分）

35. 西方国家人事监察制度主要有以下特点。
（1）监察机构独立性强。（2 分）
（2）法制体系完善细致，主要表现为：监察法律法规互相协调配合，形成严密的体系；对监察对象行为规范的规定详细、具体，可操作性强。（2 分）
（3）惩罚措施坚强有力。（1 分）

36. 所谓职位分类，就是以职位为分类对象，按照其工作性质和内容、责任轻重、难易程度和所需资格条件等因素分为不同的类别和等级，为人事管理提供依据。
职位分类具有以下几个特征。
第一，职位分类是以"事"为中心的分类，遵循"因事择人"的原则，分类的对象是职位，而不是职位上的人。

第二，职位分类所依据的基本标准要素是职位的工作性质、难易程度、责任大小及所需资格条件。

第三，职位分类不是解决某一个职位具体应该干什么，而是对各个职位所干的事进行客观分析与评价，由此确定每一个职位在职位分类结构中所处的位置，达到分类管理的目的。

第四，职位分类不是固定不变的，会随着职位结构和组织职能、职位工作的变化而变化。

第五，职位分类本身不是目的，而只是人事管理的一种科学方法。（5分）

37. 第一，各级政府行政领导者是组织文化创建的倡导者和积极推动者，负有选择本级政府组织的行政理念和价值准则的责任。

第二，要有意识地培育组织文化，广泛吸收来自组织内外部的文化资源，确立组织文化的特征、构成要素和核心内容。

第三，选择和建立"共同价值观"体系，确定组织文化风格。各级政府在选择和建立"共同价值观"体系时，一方面要与上级政府组织的"共同价值观"保持一致，有其共性；另一方面要紧密结合本地的政治、经济、文化等实际情况，有其特性。

第四，在实施中完善组织文化。在这个过程中，各级政府的高层领导者的推动作用极为关键。他们必须更新观念，转变管理方式，改革管理规章制度。

第五，加强行政理论、管理等方面的教育和培训，为行政组织文化建设提供行政人员的素质保证。

第六，推进组织文化的社会化进程。让公务员适应、接受组织文化的社会化过程也是组织文化建设和推进的关键环节。只有当公务员完全认可了政府的"共同价值观"体系，使政府的价值观变为自己的价值准则和行为规范，并产生出很高的工作满意和工作绩效时，才能说已在政府内部形成了真正的先进组织文化。（5分）

38. 录用的原则为公平、公正、公开原则，效率原则，合法原则。（5分）

五、案例分析题（本题10分）

39.（1）公司的问题出在：领导没有提拔工作突出的小C，却利用私权提拔没有真才实学的司机，公司的选拔机制出现问题，招聘的依据应是工作分析，选拔的基础应是工作绩效。（5分）

（2）影响：①这样的任人标准挫伤了小C的积极性，有可能造成人才流失。②新提拔的员工达不到岗位的要求，公司提拔力所不能及的人，对公司影响巨大。③对于公司的中层管理者，对下属失去威信，对于高层失去信任感。严重的话会造成中层管理人才的流失。对于底层员工的工作承诺度降低，影响工作绩效，会产生消极情绪。（5分）

六、论述题（本大题共2小题，每小题8分，共16分）

40. 组织需要根据工作的业务性质、复杂程度和完成周期的长度，进行具体分析，确定激励时机。一般来说，激励时机可以分为期前、期中和期末三种形式。

（1）期前激励。期前激励是在工作开始之前，公布任务指标和相应的奖惩措施，对员工进行激励。通常，这种激励形式主要适用于工作周期长、任务比较明确的项目。其优点是能够使员工的积极性和工作计划安排挂钩，使他们能够树立明确的奋斗目标，但其缺点是缺

少反馈调节。（3分）

（2）期中激励。期中激励是指在工作任务进行过程中，分阶段规定任务及相应奖惩措施。它主要是用于工作内容庞杂、需要分阶段完成的任务。其优点在于体现了及时性原则，针对性较强，缺点在于缺乏整体性。（3分）

（3）期末激励。期末激励是指待工作任务完成之后，才在对前面工作进行总结的基础上对员工进行激励。它主要适用于任务复杂，开始时难以确定任务指标的项目。其优点在于有一定的反馈调节，能使激励更为准确；缺点是缺乏时效性，容易影响激励效果。

在实践过程中，组织应该综合运用这三种激励，灵活调整激励时机，使它们能相互补充，获得最好的激励效果。（2分）

41. 按照薪酬的功能，可以将薪酬划分为基本薪酬和辅助薪酬两部分。

基本薪酬是根据员工所具备的完成工作的技能和员工所承担、完成的工作本身向员工支付的稳定性报酬，它是员工收入的主要部分，也是计算其他薪酬性收入的基础。具体而言，基本薪酬的确立受到工作因素和员工素质的影响，其中，工作因素包括工作的复杂程度、工作责任的大小、工作环境、不同工作在国民经济中的地位及完成工作需要的劳动强度。员工素质包括员工的劳动熟练程度、年龄、学历、资历等。（3分）

辅助薪酬是指基本薪酬以外的各种工作报酬，它一般都是基于基本薪酬计算得到，通常由绩效薪酬和成就薪酬组成。绩效薪酬是对员工超额工作部分或工作绩效突出部分所支付的奖励性报酬，旨在鼓励员工提高工作效率和工作质量。它是对员工过去工作行为和已取得成就的认可，通常随员工业绩的变化而调整，其中包括"绩效加薪"、"一次性奖金"和"个人特别绩效奖"三种比较常用的形式。（3分）

成就薪酬是指员工在较长时间内在组织工作中卓有成效，为组织做出重大贡献后，组织以提高基本薪酬的形式支付的报酬。这里需要强调的是，成就薪酬与绩效薪酬并非一致，相同之处在于两者都基于员工对组织目标的完成做出了贡献和业绩，不同之处在于：绩效薪酬是基于员工短期的工作绩效而对员工进行的一次性奖励，也就是说，如果员工下一次的工作绩效没有突出表现，那么组织就不会对他支付绩效薪酬，因此，绩效薪酬具有非常明显的一次性，但是成就薪酬是组织综合考虑员工在过去一段较长时间里所取得的工作绩效后，提高员工的基本薪酬，相对于绩效薪酬，成就薪酬的奖励是永久性的，也就是说，如果员工下一次工作没有突出表现，虽然他的绩效薪酬会消失，但他的成就薪酬却一直存在。另外，成就薪酬通常建立在多次绩效薪酬的基础上。不管是绩效薪酬还是成就薪酬，由于它们基于员工工作绩效，所以都能有效地激励员工。（2分）

全真模拟演练（五）

（考试时间 150 分钟）

总　分		题　号	一	二	三	四	五	六
核分人		题　分	20	20	9	25	10	16
复查人		得　分						

一、单项选择题（本大题共 20 小题，每小题 1 分，共 20 分。在每小题列出的四个备选项中只有一个是符合题目要求的，请将其代码填写在题后的括号内。错选、多选或未选均无分）

1. 对人和社会进行综合性、总体性研究的一门具体的社会科学是（　　）。
   A. 社会学　　　　　　　　　　B. 人事管理学
   C. 行政管理学　　　　　　　　D. 心理学
2. 从员工创造力发挥的角度论证了人员流动必要性的理论为（　　）。
   A. 勒温的场论　　　　　　　　B. 卡兹的组织寿命学说
   C. 雷诺曲线　　　　　　　　　D. 库克曲线
3. 古代的（　　）相当于我们现在所说的"职级"。
   A. 官职　　　　　　　　　　　B. 职品
   C. 阶品　　　　　　　　　　　D. 职称
4. 在我国事业单位，（　　）是不单独列的一类岗位。
   A. 管理类　　　　　　　　　　B. 专业技术类
   C. 工勤技能类　　　　　　　　D. 特设岗位
5. 研究行为和心理活动的学科是（　　）。
   A. 领导学　　　　　　　　　　B. 人事管理学
   C. 人事心理学　　　　　　　　D. 心理学
6. （　　）是对从事某一职业所必备的学识、技术和能力的基本要求，通过职业标准，反映了特定职业所需要专门的知识、技术和技能。
   A. 从业资格　　　　　　　　　B. 执业资格
   C. 职业资格　　　　　　　　　D. 职称资格
7. 实行地方分区监察和中央按系统监察相结合的二元制的是（　　）。
   A. 魏晋南北朝时期　　　　　　B. 宋元时期

  C. 明清时期   D. 隋唐时期

8. 组织人事规划供给预测的内容包括（　　）和组织外部的人员供给。
  A. 国家宏观层面的人员供给   B. 地区层面的人员供给
  C. 组织内部的人员供给   D. 竞争对手的人员供给

9. 人事监察的客体为（　　）。
  A. 组织机构中的组织权力   B. 事务懈怠
  C. 严格遵守组织纪律规范   D. 为实现组织目标而行使的职权和履行职责的行为

10. 适用于高级行政职位、秘密性职位、临时性职位和通用性较强职位的分类制度是（　　）。
  A. 职位分类制   B. 品位分类制
  C. 文官制度   D. 聘任制

11. 由上级组织分配给每一个工作人员的职务和责任指的是（　　）。
  A. 职位   B. 职级
  C. 职等   D. 职系

12. 公开考核办法及考核程序，采取结构化测试的方法来筛选应聘人员是筛选原则中的（　　）。
  A. 公平竞争   B. 双向选择
  C. 宁缺毋滥   D. 以人为本

13. （　　）是引导公务员人才资源优化配置的重要杠杆。
  A. 制度设计   B. 劳动契约
  C. 工资机制   D. 保障机制

14. 通过在工作现场直接观察员工的实际工作行为进行培训需求分析的方法是（　　）。
  A. 绩效考核法   B. 面谈征询法
  C. 现场观察法   D. 现实分析法

15. 我国古代的官吏制度发展到成熟阶段，人事管理的最大特点是实行（　　）。
  A. 监察制度   B. 官吏选任制度
  C. 科举制度   D. 退休制度

16. 中国文官制度的筹建时期是在（　　）。
  A. 晚清时期   B. 南京临时政府时期
  C. 北洋政府时期   D. 南京国民政府时期

17. 员工食堂属于（　　）。
  A. 生活福利设施   B. 社会文化设施
  C. 员工住宅设施   D. 福利费制度

18. 社会保险的特点不包括（　　）。
  A. 保障性   B. 强制性
  C. 免费性   D. 互济性

19. 录用工作的首要环节是（　　）。
  A. 人员需求预测分析   B. 招募测试与甄选

C. 人员录用　　　　　　　　　D. 制定录用策略

20. 古代的阶品类似于（　　），代表官员的身份地位。
    A. 衔级　　　　　　　　　　B. 职级
    C. 阶称　　　　　　　　　　D. 职务

二、多项选择题（本大题共 10 小题，每小题 2 分，共 20 分。在每小题列出的五个备选项中至少有两个是符合题目要求的，请将其代码填写在题后的括号内。错选、多选或未选均无分）

21. 在组织内部出现供过于求的情况下，可以采取以下哪些方法使组织内部人员达到平衡（　　）？
    A. 限制雇佣　　　　　　　　B. 内部晋升
    C. 减少员工的工作时间　　　D. 拓宽工作范围
    E. 解雇员工

22. 我国公务员职位横向分为（　　）等类别。
    A. 综合管理类　　　　　　　B. 专业技术类
    C. 行政执法类　　　　　　　D. 法官检察官类
    E. 工勤技能类

23. 按监察参与主体，人事监察方法可分为（　　）。
    A. 共同监察　　　　　　　　B. 一般监察
    C. 独立监察　　　　　　　　D. 专门监察
    E. 日常监察

24. 美国的人事监察制度中的惩戒机关有（　　）。
    A. 人事局　　　　　　　　　B. 功绩制保护委员会
    C. 监察长　　　　　　　　　D. 独立检察官
    E. 联邦劳工关系局

25. 职位评价的内容有（　　）
    A. 归级调查　　　　　　　　B. 办理归级
    C. 区分职系　　　　　　　　D. 区分职级
    E. 职级列等

26. 外部招聘的渠道有（　　）
    A. 人才招聘会　　　　　　　B. 校园招聘
    C. 员工推荐　　　　　　　　D. 人才中介机构和猎头公司
    E. 网络招聘

27. 两汉至南北朝期间录用人才的主要方式有（　　）
    A. 察举制　　　　　　　　　B. 官吏选任制度
    C. 征辟制　　　　　　　　　D. 九品中正制
    E. 科举制度

28. 西方资本主义文官制度的基本原则主要有（　　）

A. 民主原则 B. 效能原则
C. 公开原则 D. 平等原则
E. 内行领导原则

29. 下列内容属于福利的是（　　）
A. 交通补贴 B. 年假制度
C. 婚丧假制度 D. 工时制度
E. 福利费制度

30. 工资与福利的不同表现为（　　）
A. 在薪酬中的地位不同 B. 给付的依据不同
C. 给付形式不同 D. 保障水平不同
E. 给付的时间不同

三、名词解释（本大题共 3 小题，每小题 3 分，共 9 分）

31. 人事立法

32. 绩效考核

33. 公务员流动

四、简答题（本大题共 5 小题，每小题 5 分，共 25 分）

34. 如何理解品位分类的含义和特点？

35. 西方人事监察制度有哪些主要形式？

36. 激励时需要注意什么？

37. 集体生活福利设施包括哪些内容？

38. 如何理解中国古代的人事管理思想？

五、案例分析题（本题 10 分）

39. 老沈是一家电厂的人事处长，以往每年年初就不断有方方面面的人开始打招呼、递条子，要求他帮忙安排高校毕业生进厂。厂收入不高，但好歹也是旱涝保收。可那年头进人指标由上面政府管着，不该进的人他拦不住，企业真正想要的人他也没办法进，有本事进来的人不是没用就是拿企业作为跳板。工作难做，上级领导、协作单位、亲朋好友倒是得罪了不少。今年企业人事管理有了重大改革，权力下放，企业自主，老沈心想终于可以进几个满意的人了。正好厂里要求进一两个计算机方面的人，老沈心想名牌大学的肯定是不会来的，所以他安排手下在毕业生交流大会找几个办学层次较低的高校的农村籍学生，经过材料审核、面试，选了两个签了协议，他还特意带他们在厂里转了两天。可没有想到，一个学生回去后就说不来了，另一个索性从此杳无音信。老沈觉着不可思议：这两小子水平也不怎么样，出去找一份工作工资也高不到那里去，还随时会被炒，怎么就不肯来?更糟糕的是，厂里原来所剩无几的本科生又有几个辞职走了。一天，老沈跟同僚谈起此事，有一个人听了哈哈大笑：来这儿一点奔头没有，谁敢来?

电厂的计算机人员职位结构简图：
厂长→计划处长→计算机组长→计算机员（此次招聘职位）
员工工资结构：
技能工资（原基本工资）+浮动工资（原一年长两级，现已停止增长）+补贴（按市政府文件执行，无差别）+误餐补贴（固定）+岗位奖金[最高系数4.0 分，中层干部 >3.0 分，一般工人2.4 分），计算机员（包括组长） 2.2 分]
这家电厂为什么招不到人？

六、论述题（本大题共 2 小题，每小题 8 分，共 16 分）

40. 试述人事管理学的基本观点。

41. 人事规划实施的意义。

全真模拟演练（五）参考答案及解析

一、单项选择题（本大题共 20 小题，每小题 1 分，共 20 分）

1. A   2. D   3. B   4. D   5. D
6. C   7. C   8. D   9. D   10. B
11. A   12. A   13. C   14. C   15. C
16. B   17. A   18. C   19. A   20. A

二、多项选择题（本大题共 10 小题，每小题 2 分，共 20 分）

21. ACE   22. ABCD   23. AC   24. ABCDE   25. CDE
26. ABCDE   27. ACD   28. ABCDE   29. ABCDE   30. ABCD

三、名词解释（本大题共 3 小题，每小题 3 分，共 9 分）

31. 人事立法是国家对人事管理中的人与事的有关方面及相互作用的各个环节制定系统的法律规范。（3分）

32. 绩效考核是指组织根据法定的管理权限，按照一定的原则、程序和绩效标准，对所属员工的工作数量、工作质量、工作效益、工作能力、工作态度、行为能力等情况进行系统的考核，并以此作为对员工职位晋升、薪酬调整、培训、辞退等一系列奖惩的客观依据。组织进行绩效考核的最终目的是确认员工的工作成绩并以此为依据对员工进行奖惩，改进员工的工作方式，提高组织工作效率和经营效益。（3分）

33. 公务员流动就是指在行政系统内外部及内部之间，依据法定程序和方法，在一定时期内工作性质、地域、领域、职务（称）、岗位在国内或国际上的变动。公务员流动的实质是人事关系在公务员范畴内的调整。按照不同的划分标准，公务员流动有不同的类型。公务员流动须具备一定的条件，遵循一定的模式。（3分）

四、简答题（本大题共 5 小题，每小题 5 分，共 25 分）

34. 品位分类制度，就是主要以个人的资历条件（如学历、工作经历）和身份（如家庭背景）作为分类依据的一种分类制度。（5分）

35. 西方人事监察制度的主要形式有如下几种。
  （1）议会议员监察制度。（1分）
  （2）监察专员制度。（1分）
  （3）司法监察制度。（1分）
  （4）行政司法制度。（1分）
  （5）组织人事监察。（1分）

36. 激励时要注意的问题如下。

（1）激励的出发点是满足组织成员的各种需要，即通过系统地设计适当的外部奖酬形式和工作环境，来满足组织员工的外在性需要和内在性需要。（1分）

（2）科学的激励工作需要同时注重奖励和惩罚，既要对员工表现出来的符合组织期望的行为进行奖励，又要对不符合组织期望的行为进行惩罚。（1分）

（3）激励应该贯穿于组织员工工作的全过程，包括对员工个人需要的了解、个性的把握、行为过程的控制和行为后果的评价等。（1分）

（4）信息沟通应该贯穿于激励工作的始末，从对激励制度的宣传、对组织员工的了解，到对员工行为过程的控制和对员工行为后果的评价等，都依赖于一定的信息沟通。另外，组织中信息沟通是否畅通，是否及时、准确、全面，直接影响着激励制度的运用效果和激励工作的成本。（1分）

（5）激励的最终目的是在实现组织预期目标的同时，也能让组织成员实现其个人目标，即达到组织目标和员工个人目标在客观上的统一。（1分）

37. 单位集体生活福利设施是指组织为了满足员工的共同需要，尽可能减轻员工的家务劳动负担，并提高员工的身体和文化素质，方便员工的生活而筹资建立的福利设施，主要包括如下内容。

（1）生活福利设施，包括员工食堂、员工集体宿舍、低房租住房、托儿所、幼儿园、浴室、理发室、休息室等。这些生活福利设施的建立目的是满足员工的共同需要，为员工的生活创造便利条件。（2分）

（2）社会文化设施，包括文化宫、俱乐部、体育场、健身室、游泳池、图书馆等，这些社会文化设施的建设目的是满足员工的文化生活需要，提高其身体和文化素质，促进其身心健康成长。（2分）

（3）员工住宅等设施。住宅设施是保障员工稳定工作的基本物质条件，组织为满足员工的基本生活需要而有必要提供相应的住宅设施或福利补贴。（1分）

38. 中国古代的人事管理思想主要有如下几种。

（1）人治的思想。（2分）

（2）"任人唯贤"的思想。（2分）

（3）用人"不求全责备，而取其长，避其短"的思想。（1分）

五、案例分析题（本题10分）

39. 原因如下。

（1）晋升困难，几乎无望。（3分）

（2）员工工资结构有问题。计算机员的奖金为2.2分，一般工人是2.4分，大学毕业生不如普通工人奖金高。（3分）

（3）老沈招的虽然是几个办学层次较低的高校农村籍学生，但农村籍学生因为考学的不容易会更加奋进，更加希望获得高的报酬和晋升的机会，但这个电厂员工工资结构存在问题，所以很难招到人。（4分）

六、论述题（本大题共 2 小题，每小题 8 分，共 16 分）

40. 人事管理学的基本观点如下。

（1）必须以人为核心的管理。①在生产力诸要素中，人是起决定作用的因素。②人们劳动的目的是满足需要。③企业活力的源泉，在于脑力劳动者和体力劳动者的积极性、智慧和创造力。（2分）

（2）必须充分调动人的积极性。①适当的工作压力。②鼓励与批评。③广纳合理化建议。④关心职工生活。⑤坚持用人不疑、疑人不用。⑥注意组织气氛和工作环境。⑦人事管理不仅是一门科学，也是一门艺术。（2分）

（3）必须适应社会生产力发展的要求。（2分）

（4）必须适应社会主义市场经济发展的环境。（1分）

（5）必须重视职位和人员测评。（1分）

41. 答：归根到底，只停留在理论的人事资源规划而没有应用与实践是没有意义的，只有能够具体实施，才能够对企业人力资源管理战略发展起到促进作用。（2分）

从企业人事资源规划的整体过程来看，人事规划应包括规划的制订和实施两大部分。人事规划是根据企业内外部环境的变化去制订的，而规划的成功实施会指导企业朝更加健康的方向去发展，而规划一旦出现偏差，而不能及时纠正的话，可能会对人力资源乃至整个企业的发展产生不好的影响。因此，需要对规划实施的过程实行监督，并对过程中出现的偏差进行修订，这样的规划才更有效率。人事资源规划的实现需要从实施控制、组织结构设置、资源配置等方面给予保证。人事资源规划的实施控制是规划实施的保证环节，它需要根据规划的目标要求、企业发展现状及企业的目标对规划加以控制。（6分）

全真模拟演练（六）

（考试时间 150 分钟）

总　分		题　号	一	二	三	四	五	六
核分人		题　分	20	20	9	25	10	16
复查人		得　分						

一、单项选择题（本大题共 20 小题，每小题 1 分，共 20 分。在每小题列出的四个备选项中只有一个是符合题目要求的，请将其代码填写在题后的括号内。错选、多选或未选均无分）

1. 绩效考核按时间划分包括（　　）。
　　A. 定性考核　　　　　　　　B. 外部考核
　　C. 定期考核　　　　　　　　D. 绝对标准考核
2. 激励机制是指在组织系统中，激励主体通过激励手段或激励因素与激励客体之间发生相互作用的关系的总和，包括（　　）、激励频率和激励程度。
　　A. 激励时间　　　　　　　　B. 激励时机
　　C. 激励成员　　　　　　　　D. 激励方法
3. 职级工资制根据不同的职能，将员工的基本工资划分为职务工资、（　　）、基础工资和工龄工资四个部分。
　　A. 岗位工资　　　　　　　　B. 级别工资
　　C. 津贴　　　　　　　　　　D. 社会保险
4. 福利制度设计的原则不包括（　　）。
　　A. 福利与经济社会发展相适应原则
　　B. 福利要与组织经济承受能力相适应原则
　　C. 工资福利比例适当原则
　　D. 补偿原则
5. 中国近现代文官制度正式建立时期是在（　　）。
　　A. 晚清时期　　　　　　　　B. 南京临时政府时期
　　C. 北洋政府时期　　　　　　D. 南京国民政府时期
6. 中国近现代公务员制度开始实行时期是在（　　）。
　　A. 晚清时期　　　　　　　　B. 南京临时政府时期

C. 北洋政府时期 D. 南京国民政府时期

7. 录用的效率评估体现在（　　）上。
   A. 录用数量 B. 录用的成本
   C. 录用人员的工作绩效 D. 录用人员的能力

8. 通过在工作现场直接观察员工的实际工作行为进行培训需求分析的方法是（　　）。
   A. 绩效考核法 B. 现场观察法
   C. 面谈征询法 D. 现实分析法

9. （　　）是从确定职位空缺、确定招聘策略到应聘者筛选及录用等一系列环节的整个过程。
   A. 工作分析 B. 招聘程序
   C. 绩效考核 D. 人员遴选

10. 公开考核办法及考核程序，采取结构化测试的方法来筛选应聘人员是筛选原则中的（　　）。
    A. 公平竞争 B. 双向选择
    C. 宁缺毋滥 D. 以人为本

11. 适用于高级行政职位、秘密性职位、临时性职位和通用性较强职位的分类制度是（　　）。
    A. 职位分类制 B. 品位分类制
    C. 文官制度 D. 聘任制

12. 实行品位分类制度的典型国家是（　　）。
    A. 英国 B. 美国
    C. 德国 D. 日本

13. 在执行决策过程中，为了防止随时可能出现的偏离和偏差、考核计划实施情况而进行的监察，称为（　　）。
    A. 事前监察 B. 日常监察
    C. 事后监察 D. 专门监察

14. 设立专门的人事监察机构，并独立地行使监察职权，这是人事监察的（　　）。
    A. 内容综合性 B. 客体特定性
    C. 对象特定性 D. 主体特定性

15. （　　）是对从事某一职业所必备的学识、技术和能力的基本要求，通过职业标准，反映了特定职业所需要专门的知识、技术和技能。
    A. 从业资格 B. 执业资格
    C. 职业资格 D. 职称资格

16. 专业技术职称任用制度，又称（　　）。
    A. 专业技术职称聘任制 B. 职位分类制度
    C. 任职资格评价制度 D. 职业准入资格制度

17. 在人事规划制订程序中，不包括以下哪一项（　　）？
    A. 资料收集准备环节 B. 确定人力资源供需关系

C. 员工意见反馈　　　　　　　D. 人力资源供给预测

18. 对于人力资源需求预测中，以比较完备的统计资料为基础，通过数学方法找出预测目标与其他因素的规律性联系的预测方法是（　　）。
    A. 内部供给预测　　　　　　B. 定量预测
    C. 定性预测　　　　　　　　D. 外部供给预测

19. 人事管理一方面具有自然属性，另一方面又具有社会属性，社会属性源于其（　　）。
    A. 政治性　　　　　　　　　B. 社会性
    C. 实用性　　　　　　　　　D. 科学性

20. 研究行为和心理活动的学科是（　　）。
    A. 领导学　　　　　　　　　B. 人事管理学
    C. 人事心理学　　　　　　　D. 心理学

二、多项选择题（本大题共10小题，每小题2分，共20分。在每小题列出的五个备选项中至少有两个是符合题目要求的，请将其代码填写在题后的括号内。错选、多选或未选均无分）

21. 人事管理的特性有（　　）。
    A. 社会性　　　　　　　　　B. 利益的多极性
    C. 管理的层次性　　　　　　D. 实用性
    E. 边缘性

22. 人事规划需求预测的方法有（　　）。
    A. 德尔菲法　　　　　　　　B. 描述法
    C. 人员核查法　　　　　　　D. 回归分析法
    E. 员工替换法

23. 古代官员地位评价实际包括（　　）三个等级体系。
    A. 官职大小　　　　　　　　B. 阶品
    C. 职品　　　　　　　　　　D. 职称
    E. 阶称

24. 职位评价的内容有（　　）。
    A. 归级调查　　　　　　　　B. 办理归级
    C. 区分职系　　　　　　　　D. 区分职级
    E. 职级列等

25. 公务员流动的基本原则有（　　）。
    A. 党管干部原则　　　　　　B. 群众公认原则
    C. 依法办事原则　　　　　　D. 流动与稳定相协调的原则
    E. 适度流动原则

26. 公务员流动的基本特点包括（　　）。
    A. 利益驱动性　　　　　　　B. 动态适应性
    C. 能级对应性　　　　　　　D. 行政文化引导性

E. 单向垂直性

27. 人事管理现代化的方法有（   ）。
    A. 社会学方法   B. 心理测量法
    C. 统计分析法   D. 观察法
    E. 运筹法

28. 西方文官制度的共同特点有（   ）。
    A. 法治化   B. 政治中立
    C. 政事分开   D. 职务常任
    E. 功绩制

29. 人事立法应遵循的原则有（   ）。
    A. 遵守立法权限的原则   B. 效力分级的原则
    C. 程序合法的原则   D. 体系完整的原则
    E. 稳定与适应的原则

30. 2006年，《中华人民共和国公务员法》规定员工工资主要由（   ）组成。
    A. 基本工资   B. 奖金
    C. 津贴   D. 社会保险
    E. 补贴

三、名词解释（本大题共3小题，每小题3分，共9分）

31. 人事管理

32. 专业技术职务

33. 人事效能监察

四、简答题（本大题共5小题，每小题5分，共25分）

34. 激励的作用是什么？

35. 福利水平为什么要与经济社会发展相适应？

36. 人事立法有什么意义？

37. 人事培训评估的四个层次是什么？

38. 公务员流动的基本功能是什么？

五、案例分析题（本题10分）

39. A校和B校是南京市两所规模相当的高等专科学校。2000年随着全国高等院校调整而合并在一起，组建成一所应用型的本科院校。

在一年多的融合过程中，学院经过一系列调整：对教职员工重新定岗定编，职能部门或减或撤，系部专业对口结合等，实现了教学资源共享，理顺了办学思路，逐步走上边融合边发展的道路。

随着各机构、部门划分的结束，人员安排的基本到位，具体负责落实工作的新任院人事处处长C先生总算松了口气，毕竟在合并调整过程中没有出现大的麻烦，各项工作基本完成，事情该告一段落了。

然而，刚轻松了没两天的C先生就在为一件特别棘手的事而大伤脑筋了。人事定岗完成了，可工资待遇怎么处理呢？两个单位两种不同发放方法，这事可得掂量掂量。按理说，找个条文一靠，不就得了，可事件却不那么简单。原来A校实行的是教育系统事业单位工资体系，而B校实行的是原部属企业的行业工资标准，两种工资标准体系在组成、级差补助等各方面均有很大的差别，不仅如此，两校的津贴发放也大相径庭。总的说来：A校标准中层管理人员和一般员工差距较大，因而有利于中层管理人员；B校标准中层管理人员与一般员工差别不大，因而相对地说，更有利于一般职员，两个学校的人都长期适应了本校的标准，合并以后到底以谁为准呢？

面对这样一个关系到每一个人切身利益的薪酬分配问题，C处长真的为难了，如果以A校标准为主，降低B校一般员工人薪酬标准，势必要引起B校的广大一般员工的反对，这种普遍的对立情绪不仅不利于两校的正常融合，而且会使本来就人才流失严重的学院更加留不住人。人才可是关系到学校未来发展的大事情。如果要按B校的标准，降低中层管理人员的报酬级别，那更讨不了好，中层干部一致反对你，你以后的工作还怎么做啊？那位说了，咱来个就高不就低，不就成了，主意虽好，可谁又会给你那么多钱呢？

新学期马上就要开始了，各部门都将安排下学期工作任务，如果薪酬分配还不能统一的话，面对着同工不同酬的待遇，这活谁愿干呢？能干得好吗？

C 处长把他的困境反映给校长，希望校长给个指示，可校长忙得头昏脑涨呢，吩咐道：你先拿个方案给我瞧瞧，有什么问题你看着办。面对着这样一个两难的问题，C 处长真是一筹莫展了。

问题：你认为该如何制定合并后的学校教职工的薪酬体系？

六、论述题（本大题共 2 小题，每小题 8 分，共 16 分）

40. 试论述设置行政执法类职位重要意义。

41. 试述人事管理学与社会学的关系。

全真模拟演练（六）参考答案及解析

一、单项选择题（本大题共 20 小题，每小题 1 分，共 20 分）

1. C 2. B 3. B 4. D 5. C
6. D 7. C 8. B 9. B 10. A
11. B 12. A 13. B 14. D 15. C
16. A 17. C 18. B 19. A 20. D

二、多项选择题（本大题共 10 小题，每小题 2 分，共 20 分）

21. ABC 22. ABD 23. ABC 24. CDE 25. ABCDE
26. ABCD 27. ABCE 28. ABCDE 29. ABCDE 30. ABCE

三、名词解释（本大题共 3 小题，每小题 3 分，共 9 分）

31. 人事管理是指社会劳动过程中，对人与人、人与事、人与组织之间的相互关系进行管理的实践活动。（3 分）

32. 专业技术职务也称专业技术岗位，是指需要具有专门的业务知识和技术水平、具备一定专业技术资格的人员方能担负的工作岗位。实践中，各类单位通过专业技术职称聘任工作来履行专业技术职务的管理。（3 分）

33. 人事效能监察是指人事监察部门对监察对象部门及其任职人员的工作状态，以及履行职责和执行职能的质量、效率、效果等情况进行的检查、问责和处置活动。（3 分）

四、简答题（本大题共 5 小题，每小题 5 分，共 25 分）

34. 激励的作用有三个：①激励的目标导向性功能；②激励立足于人力资本的同时激发了员工的工作动力；③激励促进各部门的协调统一，构建凝聚型组织。（5 分）

35. 福利要与经济社会发展水平相协调、相适应的具体原因有以下几点。

（1）福利待遇过高会导致财政负荷严重，因为福利具有刚性的特征，"只升不降"，最终可能导致财政赤字，会入不敷出。虽然通过提高税收等方式可以增加福利资金来源，然而民众身上的负担不可小视，随时可能激化社会矛盾。（2 分）

（2）福利待遇过高的话会导致处于核心地位的激励功用锐减或者失效，甚至产生"福利陷阱""主动失业"等消极现象。福利待遇过高将导致员工失去通过劳动获取合法报酬的动力，出现动力不足现象。（2 分）

（3）不管是有形的实物和货币福利还是无形的社会公益服务福利，超过了社会经济发展水平的增长速度，都会对经济发展起到逆向的反冲击作用，这一情况在通货膨胀率较高的时期更为明显，甚至会对整个宏观发展环境形成难以估量的阻力。

因此，一个国家福利制度的设计必须要以该国经济的增长速度为主要参考依据，福利待遇水平与国家财政收入和相关公共支出的比例相适应，并随着经济发展和国家财力的增长而逐步提高，建立收入和支出的动态协调机制，在最大限度的范围内努力地改善员工的工作生活条件和生活质量，从而为社会发展和人民的各项需求提供更高效率、更优质的社会行政服务。（1分）

36.（1）有利于保证干部队伍的高质量。（2分）

（2）有利于提高国家机关的工作效率。（2分）

（3）有利于推动行政管理的制度化和法制化过程。（1分）

37. 培训评估的四个层次如下：①反应，即学员的直接感受，表现在学员对培训活动的反馈上；②学习，即知识、技能的掌握程度，体现在学员的考核成绩评估上；③行为，即学员工作行为的改进程度，体现在工作表现的评估上；④结果，即工作业绩的提高程度，体现在工作绩效的评估上。（5分）

38. 公务员流动的基本功能如下。

（1）有利于促进公务员自身价值的实现。（2分）

（2）有利于优化公务员人才资源配置。（2分）

（3）有利于提高行政组织效力。（1分）

五、案例分析题（本题10分）

39. 方案如下。

（1）做好同等规模、同地区学校薪资调查与同行业薪资趋势发展工作，做好薪资改革调整前的基础信息收集工作。（3分）

（2）对在校任职的所有岗位进行定位分析与制作岗位职责描述，确定工作权重。（3分）

（3）邀请人事管理专家，以收集的工作信息和岗位权重描述重新设计符合当前实际情况的薪资体系。（3分）

（4）薪资体系的必须遵循公平、合理、激励及权重的原则。（1分）

六、论述题（本大题共2小题，每小题8分，共16分）

40. 设置行政执法类职位对于完善和加强对基层公务员队伍的管理具有重要意义。

（1）设立行政执法类职位，是建立一线公务员执法队伍的长效约束机制的需要。（2分）

（2）设立行政执法类职位，有利于促进建立一线行政执法类公务员的基本素质标准，规范录用进口，克服实际中的"近亲繁殖"。（2分）

（3）设立行政执法类职位，可以更好地激励一线执法公务员。设立行政执法类职位，对解决基层执法部门公务员职业发展空间狭小、职务晋升困难的问题，激励一线执法公务员更好地做好本职工作，加强对一线执法公务员的管理和约束，促进依法行政具有重要意义。（4分）

41.（1）人事管理学，就是专门研究用人之道的学科。社会学，是对人和社会进行综合性、总体性研究的一门具体的社会科学。（2分）

（2）用社会学的观点和方法来观察、分析、研究人事管理问题，这意味着：①要把人事管理作为社会生活的一个重要组成部分来加以研究；②人事管理是一种社会活动，它的主体和客体都是社会中的人，而人的思想、情感和行为，无不打上社会的烙印；③社会学研究的目的，要为人们提供一些观察、分析人事管理问题的基本思想和基本方法。（6分）